LES FRUITS

Conception graphique : Alessandra Scarpa.

Tous droits de traduction et d'adaptation réservés pour tous pays.
© 2004 - Bibliothèque des Arts, des Sciences & des Techniques (Martin Media SAS).
© 1995 - Bibliothèque de l'Image. Premier dépôt légal : 1995.

Jacques Brosse

LES FRUITS

Bibliothèque
des Arts, des Sciences
& des Techniques

Les Fruits

Introduction

Parce que nous les mangeons, nous croyons les connaître. Mais tous les fruits ne sont pas comestibles, et nous oublions que toute plante, tout arbre en porte. Le fruit, en effet, correspond à un stade donné du cycle de la reproduction des végétaux, intermédiaire entre la floraison et la germination de la graine en terre. Le fruit naît de la fleur et contient les graines. Ce qui dans la fleur s'épanouit est la corolle aux vives couleurs, mais c'est elle aussi qui se fane. Alors, s'est déjà déclenché un processus discret, commencé avec la fécondation de la fleur.

La fleur, organe sexuel de la plante, et qui, dans la majorité des cas considérés ici, est hermaphrodite, se compose essentiellement du pistil (le «pilon», dont il a la forme), qu'on appelle aussi «gynécée» du nom qu'avait en Grèce l'appartement des femmes. Trônant au centre de la fleur, le pistil est constitué d'un ou de plusieurs ovaires renflés, contenant les ovules. L'ovaire a, schématiquement, la forme d'une bouteille, dont le goulot serait le style, porteur des stigmates aux papilles rugueuses et visqueuses, toutes prêtes à retenir au passage les grains du pollen.

Ceux-ci sont fournis par les étamines plus ou moins nombreuses qui entourent le pistil. Chacune d'entre elles forme un filet surmonté d'un sac renflé, l'anthère qui contient les sacs polliniques. La proximité des étamines et du pistil devrait avoir pour conséquence l'autofécondation; elle est presque toujours évitée, grâce à un artifice très simple : les gamètes femelles sont mûrs avant les mâles.

C'est donc de l'extérieur que provient l'agent fécondateur porté par le vent, ou, solution plus efficace, convoyé par les insectes attirés par les belles couleurs de la corolle et le nectar qu'elles promettent. Retenu par les stigmates, chaque grain de pollen se gonfle et émet le tube pollinique, seul élément de tout le système à se mouvoir de lui-même, à la façon du spermatozoïde. Descendant par le style, il parvient à l'ovule. De cette union, naît l'œuf fécondé, l'embryon de la plante future.

La corolle, vers le dedans, et le calice qui l'entoure ne sont dans tout cela que de brillants accessoires, des enveloppes protectrices qui abritent le gynécée et la délicate opération qui s'y passe. Après quoi, tout ce beau décor, devenu inutile, tombe en ruine. Les pétales se détachent au moindre souffle du vent, le calice s'étiole, les étamines se flétrissent.

Seul, au centre, triomphe l'ovaire fécondé, promesse d'une nouvelle plante. Ses parois se transforment en fruit, les ovules deviennent les graines contenant l'embryon. Mais l'existence du fruit est, elle aussi, éphémère. Il est voué à disparaître, quand il aura accompli sa mission : la maturation à l'abri des graines qu'il libérera. Ce qui seul ici compte, c'est l'avenir de la plante, sa survie. Mais, avant que le fruit pourrisse et tombe, lorsqu'il sera bien mûr, les oiseaux et les hommes en auront profité. Cela aussi est prévu au programme : ainsi seront disséminées au loin les graines qui, de ce fait, auront beaucoup plus de chances de germer dans de bonnes conditions. Si elles étaient tombées au pied de la plante, les jeunes plantules se seraient étouffées l'une l'autre.

Des fruits de toutes sortes

Pour le profane, les fruits par excellence sont charnus et succulents, c'est-à-dire pleins de suc, de jus. Parmi eux, les botanistes distinguent les drupes et les baies, différence qui, somme toute, nous est familière, puisqu'il s'agit des fruits à noyaux et des fruits à pépins. Dans la drupe, la cerise, par exemple, les parois de l'ovaire, qui forment le péricarpe (ce qui est autour du fruit) ont engendré trois formations dissemblables : la couche externe, le mésocarpe (de meso-, milieu), s'amollit et devient sucrée, elle s'entoure d'un épiderme qui se colore, l'épicarpe (de epi-, dessus), la «peau» du fruit; au-dedans, la troisième couche, l'endocarpe (endo-, intérieur), se lignifiant, devient le noyau qui abrite une amande, la graine, unique dans le cas de la cerise, parfois multiple.

A la différence du noyau, les pépins sont les graines elles-mêmes, immergées dans la pulpe de la baie entourée par l'épicarpe. La plupart des baies, raisins, groseilles, myrtilles, forment des grappes. La pêche, la prune, l'abricot, l'olive, dont le mésocarpe n'est pas sucré, mais oléagineux, sont des drupes. De très petites drupes, les drupéoles, forment les fruits composés, dits syncarpes, comme la framboise, la mûre, l'ananas. Sont aussi des drupes l'amande et la noix, mais, chez elles, la partie charnue est incomestible, et c'est la graine du noyau que l'on mange.

Bien qu'elles contiennent des pépins, pommes et poires ne sont pas des baies. Leur genèse est différente : les cinq ovaires placés au fond du réceptacle, qui est l'extrémité élargie du pédoncule floral, restent noyés dans sa pulpe, qui, se gonflant, devient la chair du fruit, cependant qu'ils s'entourent d'une enveloppe cartilagineuse disposée en étoile, équivalent du noyau des drupes, mais restée mince et translucide. Celle-ci, la partie centrale de la pomme et de la poire, forme le trognon qu'on rejette. A ce genre de fruits, les botanistes ont donné le nom de piridion. Sont aussi des piridions le coing, l'alise, la corme, la cenelle des aubépines. Le melon, en revanche, est une baie, mais de structure particulière que l'on appelle péponide (du latin pepo, la courge). Ici, la pulpe succulente et les graines sont enfermées dans une écorce solide et coriace. Le melon qui croît à même la terre, généralement sur un sol très sec, a besoin de cette protection pour ne pas perdre son eau.

Les agrumes - citron, orange, pamplemousse, mandarine - sont, en principe, des baies, mais quelque peu méconnaissables. On les appelle des hespéridies (du nom du jardin aux pommes d'or de la mythologie grecque). Ici, le péricarpe charnu s'est divisé en deux couches. L'extérieur, coloré de jaune ou d'orangé, est creusé de poches minuscules remplies d'essence odorante. C'est le «zeste» qui peut être confit ou servir à parfumer des sirops ou d'autres préparations pharmaceutiques. L'autre couche, sous-jacente, est spongieuse, blanche, comme l'indique son nom, l'albedo, et riche en pectine, substance proche des gommes, qu'on utilise parfois pour donner consistance aux gelées et aux confitures. Ce que nous consommons dans l'orange, ce sont les poils gonflés du fruit, sortes de cellules géantes qui, à maturité, sont venues emplir les cavités de chaque carpelle (l'ovaire et le style), les «quartiers».

Le fruit du grenadier, la grenade, constitue à lui seul un type à part que les botanistes appellent une balauste. Exceptionnellement, ce sont les téguments des graines qui forment une pulpe rosée, légèrement acide et sucrée, tandis que le péricarpe lui-même est devenu coriace. La nèfle, qui ne se mange que blette, a elle aussi sa structure propre. En forme de toupie, elle se termine par un large ombilic étoilé, couronné par les dents du calice persistant, et contient cinq noyaux, si durs qu'on les croyait jadis capables de rompre les calculs urinaires.

Bien différents sont les «fruits secs» qui forment un groupe nettement distinct. La châtaigne et la noisette sont, comme le gland du chêne et la faine du hêtre, des akènes, ce qui veut dire qu'ils ne s'ouvrent pas spontanément à maturité. L'akène est formé d'un seul carpelle et ne contient qu'une seule graine. Les châtaignes sont contenues dans une bogue verte, hérissée d'épines dures et piquantes, née de la cupule - d'où le nom de cupulifères donné à ces arbres -, formée des languettes vertes qui entouraient l'ovaire dans la fleur. Il en va tout autrement du marron d'Inde; c'est le fruit lui-même qui est vert et piquant et le marron est la graine. La noisette, elle aussi, est protégée par une cupule verte et la graine par une coque ligneuse.

Nous avons jusqu'à présent laissé de côté, pas seulement pour la bonne bouche, la fraise et la figue, car ce ne sont pas des fruits. Au sujet de la fraise, notre ami, le grand botaniste Jean-Marie Pelt a prononcé un arrêt définitif : «La fraise est tout, sauf un fruit», ce qui, évidemment demande explication. Les vrais fruits sont ici les akènes, ces petits grains secs et durs qui craquent sous la dent; la pulpe rouge provient du réceptacle floral. La figue est plus étonnante encore, ce n'est pas un fruit, mais une fleur. Ici le réceptacle floral non seulement est devenu charnu, mais s'est refermé sur lui-même; au-dedans, les fleurs femelles sont devenues ces petits fruits secs que nous prenons pour des grains. A la fin de l'automne, quand les fruits éclatent, montrant leur chair rougeâtre, oiseaux et insectes s'en régalent, disséminant au loin, avec leurs excréments, les graines enfin mûres.

Mais si la fraise et la figue ne sont pas des fruits, la tomate, l'aubergine, la courge, la courgette, le potiron, le concombre, le poivron, qui est un piment doux et, bien sûr, tous les autres piments, le sont bien à juste titre. Profanes et botanistes ne sont donc pas toujours d'accord, mais qui a raison ?

De la cueillette à la culture

Tombe de Nakht : porteurs d'offrandes et tables d'offrandes. Vallée des Nobles, Egypte.

Depuis toujours, l'homme a été grand consommateur de fruits. A l'exemple des bêtes sauvages, l'homme du paléolithique, qui n'a peut-être jamais été la brute complaisamment imaginée par certains fanatiques de l'évolution, mais, plus vraisemblablement, un observateur attentif, un expérimentateur avisé et infatigable (sans quoi d'ailleurs il n'aurait pu survivre), savait utiliser toutes les ressources de son milieu.

Sous les tropiques, où probablement il naquit, les végétaux lui fournissaient pratiquement tout ce dont il avait besoin. L'abondance, sous ces climats constamment chauds, était telle que notre inconscient en a conservé comme une rêveuse nostalgie, celle de l'âge d'or chanté par les poètes. L'homme alors déterrait des racines, se nourrissait de jeunes pousses tendres et surtout, c'était le plus facile, cueillait les innombrables fruits dont la maturation s'étendait d'un bout de l'année à l'autre.

Peut-être fûmes-nous d'abord frugivores, peut-être la nécessité seule a-t-elle fait de nous des carnivores, lorsque les hordes migrantes, quittant ces climats privilégiés, rencontrèrent l'hiver et la disette. L'homme dut alors prélever sur le monde animal ce que ne lui fournissait plus en tout temps celui des plantes. Mais la chasse est hasardeuse; elle nécessite des armes, elle suppose de longs affûts, d'interminables traques; elle demande force et ruse, patience et résistance. L'homme s'en chargea, quitte à revenir bredouille, bien heureux de trouver à son retour les produits de la cueillette, dévolue, elle, à la femme. Lorsque les groupes commencèrent à se fixer sur un territoire, ce sont les femmes qui inventèrent le jardinage, le premier pas vers la culture.

Ainsi peut-on se représenter les choses. Ce ne sont là que des hypothèses, mais vraisemblables, car des preuves absolues, nous en manquons, pour la raison très simple que les débris végétaux se sont décomposés, tandis que les ossements des animaux tués ont subsisté près des foyers autour desquels se rassemblaient les hommes; car le feu n'avait pas pour seule fonction de réchauffer, mais de cuire les chairs devenues viandes. De même, n'a pas survécu le bois travaillé, mais les pierres plus ou moins taillées, seuls repères pour les paléontologues qui ne se fondent que sur cette «industrie» lithique pour décrire les étapes d'un prétendu progrès.

La preuve qui jusqu'alors manquait, on la trouve enfin dans les vestiges laissés par les villages lacustres, situés sur la rive, et non, comme on l'avait cru, au-dessus de l'eau, sur des pilotis. Ils sont nombreux en Suisse, dans le nord de l'Italie et en Bavière. Les plus anciens remontent au néolithique, l'âge de la sédentarisation, des débuts de l'élevage et de l'agriculture. Là, dans la boue des lacs qui les a conservés, les archéologues ont trouvé des pépins, des noyaux, ou même des fruits entiers qui témoignent d'un ramassage intense et systématique. Quels étaient ces fruits ? Des glands et des faines, des châtaignes, des noisettes, des cormes, des alises, des cornouilles, des prunelles et des prunes sauvages, des merises, des pommes et des poires, des fraises des bois, des mûres, des framboises, des raisins, mais aussi des baies de sureau et de viornes, les cynorrhodons de l'églantier, les cenelles de l'aubépine, dont beaucoup de fruits que nous n'utilisons plus, bien qu'ils soient parfaitement comestibles. Pareil inventaire démontre qu'il s'agissait d'une quête minutieuse et systématique, capable de procurer un sérieux apport alimentaire. Or ce ne pouvait être une nouveauté, comme l'était à l'époque la domestication des animaux et des céréales, mais une très longue tradition venue du fond des âges, donc du paléolithique. Autrement dit depuis son origine, l'homme a su ramasser les fruits et s'en nourrir.

Mosaïque de Saint-Romain-en-Gal : Récolte des olives. Saint-Germain-en-Laye.

Les débuts de l'arboriculture

A partir de quand les fruits ont-ils été cultivés, donc améliorés ? Probablement pas avant l'époque où commence l'histoire, et encore très partiellement, la cueillette des fruits sauvages n'a pratiquement jamais cessé dans nos campagnes, tout au moins jusqu'à la génération de nos grands-parents. L'arboriculture fruitière est née du jour où l'on a su multiplier les plantes par bouturage et marcottage, sélectionner les meilleures variétés d'une espèce, en faire des cultivars (variétés cultivées) stabilisés, enfin pratiquer la taille, la greffe et la fécondation artificielle. Certainement très tôt, puisque les Sumériens cultivaient en Mésopotamie le palmier-dattier, bénédiction des oasis, peut-être originaire des confins de la mer Morte, qui fut le premier arbre élevé par les hommes, il y a six mille ou sept mille ans. Nous savons que la multiplication par bouturage et la fécondation de main d'homme, telles qu'elles sont encore en usage aujourd'hui étaient déjà courantes. Selon la Bible, les Hébreux cultivaient en Judée l'olivier, la vigne aux grappes énormes, l'amandier, le caroubier, le pistachier, le grenadier et maintes autres espèces qui faisaient du pays la Terre promise. Bien avant eux, dès l'aube de leur civilisation plusieurs fois millénaire, les Egyptiens, admirables jardiniers, élevaient déjà non seulement toutes ces plantes, mais le jujubier, notre figuier et le figuier sycomore, qui était leur arbre sacré, et jusqu'au melon et à la pastèque, rapportés d'Afrique tropicale.

*P*rodigieusement riches en espèces sauvages d'arbres fruitiers étaient les contreforts montagneux du plateau iranien, où la Genèse situe le Paradis terrestre. C'est de Perse, où l'on cultivait depuis longtemps le noyer, qui croît spontanément dans la région du Pont-Euxin (la mer Noire) que les Grecs reçurent la noix qu'ils appelèrent persique ou royale. Les Romains ne commencèrent à cultiver le noyer qu'à la fin de la république, mais, par la suite, le répandirent dans tout leur empire.

*L*es Grecs tenaient l'olivier pour un don d'Athéna. Il devint symbole de prospérité et de paix. Il l'était déjà pour les Hébreux. C'est un rameau d'olivier rapporté par la colombe qui annonça à Noé que les terres émergeaient de nouveau, que le Déluge était fini. L'olivier n'est pas originaire de Grèce, mais d'une aire très vaste qui s'étend du sud de l'Arabie au pied du Caucase. Son utilité l'a fait répandre par les Phéniciens, puis par les Romains, enfin par les Arabes qui l'apportèrent en Afrique du Nord. Dans la vie quotidienne des Grecs, l'olive et son huile jouèrent un rôle déterminant. Aussi ne cessèrent-ils de vénérer l'arbre d'Athéna dont la destruction était punie de mort. C'est à ce respect devenu traditionnel que nous devons la préservation de très vieux oliviers, l'espèce pouvant atteindre le millénaire et même le dépasser de beau-

Livre de l'Industrie de la soie. Ramassage des mûres (Ms. 202 fol.4). Chine, XIXᵉ siècle. Poitiers, Bibliothèque municipale.
p. 8 et 9 : Villa de Julia Felix de Pompéi : panneau de frise avec nature morte. Naples, Museo Archeoligico Nazionale.

coup. Si, en France de tels exemplaires sont tout à fait exceptionnels - le «Roi des rois», à Roquebrune-Cap-Martin aurait tout de même deux mille ans -, ils ne sont pas rares dans le sud de l'Italie, en Sicile, en Grèce et en Palestine. Le doyen serait peut-être un olivier d'Agrigente, âgé, dit-on, de cinq mille ans.

P resque aussi indispensable aux Grecs que l'olive, était la figue qu'on pouvait manger séchée en toute saison. En Méditerranée orientale, ce fruit jouissait d'une grande vénération. On a même pu se demander très sérieusement si le figuier n'aurait pas été l'Arbre du Bien et du Mal et si sa feuille ne fut pas le premier vêtement d'Adam et Eve aussitôt après la faute originelle. Toujours est-il que les Grecs utilisaient déjà la caprification, qui consiste à transporter en juin des chapelets de jeunes fruits du figuier dit «mâle» (le caprifiguier sauvage) pour les suspendre au-dessus des inflorescences du figuier cultivé, considéré, lui, comme femelle, permettant ainsi l'intervention d'un hyménoptère, *Blastophaga,* qui ne se développe que dans les ovaires du caprifiguier et, s'en échappant, chargé de pollen, va féconder les figuiers cultivés du voisinage.

P endant des siècles, la Perse fut traversée par des caravanes, venues de la lointaine Asie centrale, qui tracèrent la célèbre «route de la soie». Elles apportèrent en

Perse le pêcher, cultivé depuis des temps immémoriaux en Chine, où la pêche était fruit d'immortalité, ainsi que l'abricotier, originaire des contreforts de l'Himalaya, mais amélioré en Chine depuis deux mille ou trois mille ans avant notre ère. Découvert par les Grecs en Syrie, lors des expéditions d'Alexandre le Grand, à la fin du IVe siècle avant J.C., le pêcher et l'abricotier ne parvinrent à Rome qu'au début de l'ère chrétienne. Les Romains appelèrent le premier Persica, car c'est de Perse qu'en était venue la culture, et le second Armeniaca parce qu'ils l'avaient reçu d'Arménie. Une légende tenace, accréditée par Pline, veut que le consul et général romain Lucullus, qui fut aussi un illustre gourmet, ait apporté du Pont-Euxin, en 73 av. J.C., le cerisier. Mais celui-ci n'était nullement un inconnu, tout au moins sous sa forme sauvage, le merisier. Ce que rapportait Lucullus c'était le griottier, ou cerisier acide, et probablement aussi une variété améliorée de l'espèce sauvage. Toujours est-il que ces fruits, les plus gros, plus savoureux, furent salués avec enthousiasme par les Romains. Les nouvelles variétés furent si activement cultivées qu'en un quart de siècle, elles avaient conquis la Gaule et débarqué dans l'île de Bretagne (la Grande Bretagne).

C'est donc en Moyen-Orient, dans le fameux «Croissant fertile» qui s'étend de la Syrie-Palestine et de la Mésopotamie à l'Egypte que naquit l'arboriculture fruitière. Grecs et Romains ne furent que les héritiers des Egyptiens, des Babyloniens et des Perses, des utilisateurs, mais aussi des transmetteurs. Aux Romains, les Gaulois furent redevables des méthodes nouvelles, singulièrement de la viticulture qui se diffusa en Gaule à partir de la Provence, la «Province» romanisée. Elle y fut introduite dès 120 avant l'ère chrétienne et se répandit très rapidement, malgré les tentatives du pouvoir impérial d'en limiter l'expansion qui en était arrivée à concurrencer le vignoble italien. Au Ier siècle, le vignoble languedocien avait gagné la région de Bordeaux et la Dordogne, où les archéologues ont trouvé les premiers établissements vinicoles. Bientôt, partout on planta des vignes. Les principaux promoteurs furent les moines qui avaient besoin de vin de messe. C'est à eux qu'on dut, en particulier, le vaste vignoble bourguignon qui bénéficia de la présence des deux grandes abbayes de Cluny et de Citeaux, toutes deux chefs d'ordres. Comme les Clunisiens, même les ascétiques cisterciens avaient droit à une ration de vin au repas, sauf, bien entendu, les jours de jeûne et pendant les quatre carêmes.

L'olivier et le figuier s'étaient installés jusqu'à Paris. Au IVe siècle, l'empereur Julien qui y séjournait évoque les figuiers parisiens que l'on entourait de paille en hiver. Cette culture devint par la suite traditionnelle, les «blanches d'Argenteuil» firent pendant des siècles les délices des Parisiens. En 1890, la culture des figuiers occupait à Argenteuil soixante-dix hectares. Plantées dans des tranchées protectrices, les cépées passaient l'hiver sous une litière de paille et de feuilles mortes. Introduite depuis les basses montagnes du pourtour de la Méditerranée, la culture du châtaignier fut répandue par les Romains jusqu'aux Cévennes. A leur suite, les moines établirent maintes châtaigneraies, car, contrairement à ce que l'on avance parfois, les moines plantèrent beaucoup plus d'arbres qu'ils n'en abattirent. On a pu parler, pour certaines régions du Sud-Est et du Sud-Ouest d'une «civilisation du châtaignier» qui a duré jusqu'à ce que se généralise l'emploi de la pomme de terre, il n'y a pas plus de deux siècles, et même bien au-delà. Très nourrissante, d'une composition proche de celle du blé, la châtaigne était en effet nourriture de base. A l'époque, on consommait encore beaucoup de glands, crus, bouillis et grillés, mais d'une variété de chêne vert, le Quercus ballota, cultivé encore en Espagne et au Portugal.

Le verger seigneurial

*D*es documents anciens ont permis de reconstituer le jardin du cloître des anciennes abbayes. C'est à son imitation que furent créés les vergers seigneuriaux médiévaux que nous ne connaissons que par des textes et des miniatures tardifs. Enclos derrière les hauts murs du château, ils évoquaient le Jardin d'Eden, avec, en son centre, l'Arbre de vie, celui du Paradis, celui aussi de la Rédemption. Non loin de lui, s'élevait une fontaine dont l'eau s'écoulait par quatre bras, comme les fleuves de l'Eden. De patientes recherches ont établi l'inventaire du verger modèle. Lorsque le permettait son étendue, il contenait : amandier, cerisier, cognassier, pommier et poirier, figuier, grenadier, néflier, framboisier, mûrier noir. La table seigneuriale était donc bien pourvue.

*S*i les paysans élevaient peu d'arbres fruitiers, c'est qu'ils récoltaient encore les fruits sauvages et, en particulier les merises qui constituaient pour eux une telle ressource que l'abattage des merisiers fut sévèrement prohibé pendant des siècles, jusqu'au jour où ils se répandirent au point d'envahir les forêts. Une ordonnance royale de 1669 en ordonna la destruction systématique. Ces abattages massifs eurent une conséquence imprévue, la vogue des meubles en merisier, bois au grain serré, d'un bel orangé, lustré par le polissage.

*D*ans toute la France, on plantait des pommiers : et plus en Normandie qu'ailleurs. Le cidre, connu de tout temps, mais peu apprécié, car âcre et très acide, n'y a triomphé de la vigne qu'au XVIe siècle, sa qualité s'étant progressivement améliorée, après qu'au début du XIe siècle, le duc Richard II, dit le Bon, eut fait venir des variétés nouvelles. La bonification de la pomme s'était développée à partir de greffages et du croisement de Malus communis avec Malus ducius, le pommier doucin, à petits fruits rouges, apporté du Péloponnèse par Claudius au IIIe siècle avant Jésus-Christ, d'où naquit à Rome la pomme d'api.

Les Heures de la duchesse de Bourgogne :
le mois d'octobre et la cueillette des fruits.
Chantilly, Musée Condé.

Oranges, citrons et mandarines

A la fin du Xe et au XIe siècles, les Arabes avaient introduit l'oranger venu de Chine dans leurs possessions européennes, en Sicile d'abord puis en Espagne du sud. Il s'agissait du bigaradier aux fruits très amers, appelés narandj en arabe, utilisés comme remèdes et dont on tira ensuite des parfums. On l'éleva sous nos climats tempérés mais surtout dans des caisses que l'on rentrait en hiver dans des orangeries. Le plus célèbre de ces arbres, le «Grand Connétable», semé à Pampelune en 1421, fut offert par la reine de Navarre au connétable de Bourbon qui le fit élever à Chantilly. Mais le connétabe trahit son roi, ses biens furents confisqués. En 1523, déjà centenaire, l'oranger fut planté à Fontainebleau par François Ier. En 1686, Louis XIV le fit transporter à Versailles, où il devint le plus vénérable ornement de l'orangerie qu'il venait de faire construire. L'oranger doux, espèce patiemment améliorée par les Chinois n'arriva en Europe que beaucoup plus tard, apporté d'Extrême-Orient à la fin du XVe siècle par les premiers grands navigateurs portugais.

Les Arabes diffusèrent aussi sur le pourtour de la Méditerranée le limetier, aux citrons verts, puis, plus tard, le citronnier. Des agrumes, Grecs et Romains n'avaient connu que le cédratier que, l'ayant reçu de Perse, ils appelaient «pomme de Médie». Le mandarinier de Chine et d'Indochine n'arriva en Occident que vers 1820, et seulement au début du XXe siècle, le pamplemoussier de Malaisie, dont les fruits sont les plus gros de tous les Citrus.

Des fruits de roi

Après 1495, à la suite de l'expédition de Charles VIII en Italie, le verger français fit peau neuve grâce à l'introduction d'espèces ou de variétés depuis longtemps cultivées dans la péninsule. Commencèrent alors à se répandre les pêches, jusqu'alors tenues en piètre estime, mais qu'on entreprit d'améliorer. Quant aux abricots, ils étaient alors dans toute leur nouveauté, venus d'Espagne, où les Arabes les avaient acclimatés dès les IXe et Xe siècles, lui donnant son nom d'al-barqua, probablement d'origine romaine. En France, dans les plantations du Roussillon, donc tout près de l'Espagne, elle se répandit ensuite en Provence. D'Italie, vinrent aussi les melons, les cantaloups, qui portent le nom d'une résidence de plaisance des papes, où ils étaient cultivés par des moines pour les souverains pontifes qui en étaient si friands que deux d'entre-eux, Paul II en 1470 et Clément VIII en 1605, seraient morts subitement pour en avoir trop mangé. Ils firent aussitôt fureur, Ronsard et Montaigne les célébrèrent. En 1583, le doyen du collège des médecins de Lyon, Jacques Pons, publie un Sommaire traité des melons.

qui fut hybridé avec notre *Prunus domestica*, lui-même issu du croisement du prunelier sauvage avec le *Prunus institia*, qui, spontané, aussi, avait donné par la culture en Syrie les prunes de Damas, arrivées chez nous au XIIe siècle, apportées peut-être par des croisés. Collabora à cette subtile genèse les *Prunus divaricata* ou *Prunus cerasifera divaricata* dont les fruits ressemblent à des mirabelles qui probablement en dérivent, mirabelle ne provenant pas, comme on le croyait naguère, de myrobolan, mais de «mirabile», «belle à voir». On vit alors paraître quatre grandes variétés bien distinctes, trois régionales : la quetsche d'Alsace, la mirabelle lorraine et la prune d'ente (c'est-à-dire greffée) qui fournit le pruneau d'Agen, enfin une quatrième, que l'on trouve un peu partout, la succulente reine-claude.

Garzoni Giovanna (1600-1670) : assiette de pêches.
Florence, Galleria Palatina.

Dans les premières années du XVIe siècle, étaient arrivés d'Italie des pruniers améliorés qui permirent de créer des prunes plus grosses et plus savoureuses. Il s'agissait probablement des formes récemment obtenues à partir du *Prunus cerasifera*, ou myrobolan, à fruits assez gros, jaunes ou rouges, introduit d'Asie occidentale,

*Vraiment royale, elle évoque en effet une reine, l'infortunée Claude de France (1499-1525), pas très belle, un peu boiteuse, que dut épouser en 1514 son cousin germain, l'ambitieux François, duc d'Angoulême, parce qu'elle était la fille aînée de Louis XII auquel il espérait bien succéder, et qu'elle lui apportait en dot le duché de Bretagne et quelques autres comtés. Devenu roi l'année suivante, François I*er *délaissa son épouse qui vécut retirée dans ses jardins de Blois auxquels, dit-on, elle prodiguait ses soins, et où elle mourut à l'âge de vingt-six ans. Surnommée par son peuple la Bonne Reine, Claude de France avait su se faire aimer par sa douceur, sa piété et sa générosité. C'est sans doute pourquoi Pierre Belon (1517-1564), qui, de simple garçon apothicaire, était devenu l'un des plus éminents naturalistes de son temps, fit hommage à la reine Claude d'un nouveau prunier qu'il avait ramené d'Italie vers 1545.*

Cette dédicace avait une portée symbolique. La Renaissance, époque du mieux vivre, mais animée aussi d'une vive curiosité pour toutes les branches du savoir, devait marquer une étape décisive dans l'histoire des fruits. Dans ce domaine, comme en bien d'autres, la civilisation italienne, plus raffinée, plus hédoniste aussi, donnait l'exemple. Le jardin seigneurial, jusqu'alors confiné entre les murs du château, l'entoura comme un écrin. Dans les résidences royales des bords de la Loire, il devint le lieu du loisir et du plaisir, le cadre de fêtes somptueuses. On eut alors le goût des plantes rares que rapportaient d'Orient les naturalistes envoyés en mission avec les ambassades. L'un des premiers, Pierre Belon qui, ayant appris les techniques de l'acclimatation auprès des jardiniers de Padoue et de Venise, créa pour l'évêque du Mans René du Bellay, oncle de Joachim, le poète, le premier «arboretum» de France, à Touvoie dans la Sarthe.

*Les vergers bénéficièrent de ces multiples découvertes. On voulut améliorer la qualité des fruits, en diversifier les variétés et leur faire atteindre leur point de perfection. L'arboriculture fruitière devint un art que ne dédaignèrent pas d'encourager le roi et les grands. François I*er*, qui avait fait replanter à Fontainebleau le «Grand Connétable», veilla lui-même à l'acclimatation à Thomery des vignes que lui avait envoyées le «Grand Turc», Soliman le Magnifique. Commençait alors une tradition qui devait durer jusqu'à la fin de la monarchie.*

La prune resta si bien en cour que le frère de Louis XIV, Philippe d'Orléans, accepta qu'en son honneur fût baptisée la «Prune de Monsieur». Le roi aussi était grand amateur de fruits. Il prit à son service Jean-Baptiste de La Quintinie (1626-1688), qui, après avoir été avocat, s'était illustré dans la culture des arbres fruitiers. A Versailles, M. de La Quintinie fit merveille. Dans le verger royal, figuraient les «beurrés» fondants, la douce «Louise-Bonne», la «Cuisse-Madame», mais, au-dessus de toutes les poires, le jardinier du roi mettait encore le «Bon-Chrétien» qu'avait apporté de Calabre saint François-de-Paule appelé à son chevet par Louis XI. Mais l'orgueil de La Quintinie c'était l'obtention de pêches nouvelles car Louis XIV en raffolait. En offrant au roi ses «Belles de Vitry» et ses «Tétons de Vénus», M. de La Quintinie était sûr de son effet. Le Roi-Soleil aimait aussi beaucoup les figues. Son jardinier réalisa le tour de force de les lui procurer, de la fin de juin aux premières gelées, en cultivant dès janvier les figuiers en caisses sur un réchaud de fumier de cheval, puis en les adossant à un mur au midi et en les protégeant par des châssis vitrés. A sa mort, de La Quintinie laissait de remarquables Instructions pour les jardins fruitiers, *qui furent publiées par son fils, sur ordre du roi, en 1690.*

*En 1702, Louis XIV goûtait le premier ananas qui ait été obtenu dans son royaume; il venait des serres du château de son frère, «Monsieur», à Choisy-le-Roi. Mais ce n'est que sous son arrière-petit-fils, Louis XV, que Louis le Normand, l'un des successeurs de La Quintinie en éleva à Versailles pour le roi qui en lança la mode. On cultiva l'ananas en serres chauffées jusqu'à ce qu'on ait pu le faire venir des tropiques. Mais il fallut attendre que les transports par mer devinssent assez rapides et ils ne furent adaptés à l'exportation des fruits que dans les premières décennies du XX*e *siècle. Alors, affluèrent de toutes parts les nouveautés.*

p. 16 et 17 : Giuseppe Arcimboldo (1527-1593) :
L'automne. Brescia, Pinacoteca Civica T. Martinengo.

Les fruits exotiques

Certains sont devenus fort populaires, la banane, par exemple, mais seulement quand on eut conçu vers 1900 des cargos spécialement aménagés, les «bananiers», dont les cales ventilées, à air réfrigéré maintenu à 12°C pouvaient contenir jusqu'à cent mille régimes. Originaires de l'Asie du sud-est, la banane était depuis longtemps produite en grand dans presque tous les pays tropicaux d'Afrique et d'Amérique. Beaucoup plus récemment, vers 1960 seulement, l'avocat fit son entrée sur nos marchés. Ce fruit fut découvert dès 1526 par les Espagnols en Colombie, mais l'avocatier pousse également à l'état sauvage au Mexique et au Guatémala. Depuis qu'il a trouvé des amateurs un peu partout dans le monde, la Floride et la Californie, et, depuis peu, Israël, le fournissent en quantités énormes.

Entre-temps, la consommation de fruits frais n'avait cessé d'augmenter par suite du développement intensif des cultures et de leur internationalisation. Les agrumes, rares et chers au début du siècle, sont présents à tout instant dans notre vie quotidienne. De nouveaux fruits étrangers parent aujourd'hui nos tables. Certains sont même produits à domicile, tel le kaki, arrivé du Japon en Europe en 1796, cultivé depuis très longtemps en Chine et au Japon, qui s'est acclimaté chez nous sans difficulté, et fort discrètement.

Plus mouvementée fut l'introduction des Actinidias, dont le fruit est le kiwi. Elle ne se fit que par étapes. Une première espèce du genre, Actinidia callosa, avait été envoyée de Chine à Londres vers 1850 par le botaniste-collecteur Robert Fortune, elle ne suscita que peu d'intérêt. Mais, quelques années plus tard, les botanistes russes découvrirent en Mandchourie Actinidia kolomitka, liane d'une beauté saisissante qui connut un certain succès comme plante d'ornement. En Russie, on la cultiva pour ses fruits dont le célèbre agronome Mitchourine obtint par croisement, en 1925, un fruit remarquable dont la saveur fut comparée à celle de l'ananas. L'«ananas de Mitchourine» connut un vif succès en U.R.R.S. Entre-temps, l'Anglais Charles Maries avait découvert en Chine et expédié en 1880 en Angleterre Actinidia chinensis dont le goût rappelle la groseille à maquereau. Sa culture se répandit comme une traînée de poudre dans le monde anglo-saxon, en Nouvelle-Zélande, à partir de 1910, puis en Californie. Pourtant, ce sont les Italiens qui, devançant les Néo-Zélandais, devinrent les premiers producteurs de kiwis du monde. En France, la consommation de ce fruit est beaucoup plus récente. Il fallut l'intense propagande d'un syndicat professionnel très actif pour le faire entrer dans les habitudes alimentaires des Français. Les arguments étaient sans réplique : aucun fruit ne contient autant de vitamine C que le kiwi, il est aussi riche en calcium, en phosphore, en fer, en potassium; c'est en somme le meilleur des reconstituants naturels. Mais cela suffit-il aux Français qui sont, au sens propre, gens de goût ?

En tant que tels, ils devraient être aujourd'hui comblés, puisqu'affluent vers leurs tables, du moins dans les grandes villes, des fruits venus de toute la terre. Certains seulement nous sont devenus depuis peu familiers, à d'autres nous n'avons jamais goûté, mais nous savons qu'ils sont là; enfin il en est encore qui ne sont pas venus jusqu'à nous, mais ils arriveront bien un jour. Nous ne pouvons en proposer qu'un bref inventaire, établi à partir de leur origine géographique.

La mangue, opulente drupe à la peau lisse d'un bel orangé est asiatique et cultivée en Inde depuis plus de quatre mille ans. En Inde du sud, mais aussi en Malaisie, croît le jacquier dont le fruit est peut-être le plus gros du règne végétal : il peut atteindre quatre-vingts centimètres de long et peser jusqu'à plus de trente kilogrammes. Composé d'akènes portés par un périanthe charnu issu d'un réceptacle commun, la jacque est vert jaunâtre; sa pulpe, tendre et brune rappelle la saveur de la banane et est très appréciée, mais sur place. Le jacquier (Artocarpus *integgifolia) appartient au même genre que le fameux arbre à pain (Artocarpus altilis) originaire de Polynésie, mais aujourd'hui répandu dans tous les pays tropicaux.*

Beaucoup plus familier sont pour nous le litchi et le kumquat, venus de Chine, pays où la culture fruitière, qui nous a déjà donné la pêche et l'abricot, l'orange et la mandarine, est, sinon la plus ancienne, certainement la plus patiente et la plus avisée de tout le globe. Le litchi qui a conservé son nom chinois naît sur un charmant

Vue des Cordillères et monuments des peuples indigènes de l'Amérique, Humboldt et Bonpland. Radeau de la rivière du Guayaquil. Paris, Bibliothèque centrale M. N. H. N.

petit arbre du sud de la Chine. Le longan, originaire de l'Inde, lui ressemble, mais est moins apprécié. Le kumquat, de Chine et du Japon, est le fruit d'arbrisseaux qui ont l'aspect d'orangers en miniature.

La Malaisie est particulièrement féconde en fruits tropicaux, mais la plupart sont chez nous peu connus, tels le

carambole, une baie allongée, jaune orangé, ou le dourion, de grande taille (quinze à trente centimètres de long), bardé d'épines vertes, qui a ses partisans et ses détracteurs. Certains le trouvent répugnant à cause de l'odeur fétide qu'il répand à maturité, d'autres vantent son goût délicieux.

Depuis des siècles, l'Occident connaît la noix de coco, fruit d'un palmier svelte et de très haute taille (trente à quarante mètres de haut), à la silhouette bien connue, même des voyageurs en chambre, car il ombrage presque toutes les plages sous les tropiques et son image a été répandue par les agences de voyage. En Polynésie, ce n'est pas seulement sa noix qu'on apprécie pour son lait très rafraîchissant et sa pulpe dont on extrait l'huile de coprah, mais pour son bourgeon terminal, le «chou palmiste», aliment très apprécié : pour ses fibres qui fournissent vêtements et cordages, comme les coques de ses fruits des ustensiles ménagers; pour ses feuilles qui font des nattes et des paniers et couvrent les toits des cases; pour son bois utilisé dans la charpente et le chauffage... Selon la tradition populaire, le cocotier aurait quatre-vingt-dix-neuf emplois!

Quittons l'Asie pour l'Amérique tropicale, cet autre paradis des fruits, ainsi que s'en aperçoit très vite le voyageur lorsqu'il consulte la carte d'un de ces établissements où l'on ne sert que des jus de fruits, et qui est tenté de les essayer tous. L'un des plus répandus chez nous ne donne pas de jus, c'est la noix de cajou qui entre maintenant couramment dans les mélanges de fruits secs qu'on propose pour l'apéritif. Pourtant, si celui qui en croque la rencontrait dans la nature, il serait probablement très étonné. Il ne reconnaîtrait pas non plus le fruit de la passion qu'il ne consomme guère que sous la forme de jus de fruit ou de sorbet, à moins que, dans son jardin, il ait planté la précieuse Passiflora Caerula qui nous est venue du Pérou à la fin du XVIIe siècle. Ses fleurs sont étranges et superbes, mais ses fruits ne sont que décoratifs. Ceux qu'on trouve chez les épiciers de luxe sont des grenadilles ou des barbadines, fruits d'autres espèces de passiflores. Même si nous n'avons jamais vu de goyaves, il peut nous être arrivé d'en apprécier le goût en gelée, en confiture ou en pâte de fruit. Et l'arachide dont le fruit est la cacahuète que nous croquons, mais qui produit surtout une huile consommée dans le monde entier, la reconnaîtrions-nous dans une herbe aux fleurs jaunes et rouges, et dont les fruits sont invisibles. Et quand aurons-nous le plaisir de déguster ailleurs que sur place ces merveilles que sont la papaye, la sapotille, la pomme-cannelle ou le chérimolier ? L'histoire des fruits n'est pas encore finie. (1)

---

(1) *Beaucoup de nos fruits possèdent un symbolisme si riche, une mythologie si complexe que nous n'avons pu y faire qu'allusion dans une aussi brève étude. Le lecteur curieux pourra se reporter à* Mythologie des arbres, *en particulier aux chapitres 4 (La magie des sèves) et 8 (Les fruits, les mythes et l'histoire).*

Garzoni Giovanna (1600-1670) : assiette de cerises.
Florence, Galleria Palatina.

Sommaire

Fruits indigènes

La Pomme : *p. 22 à 25*
La Poire : *p. 26 à 29*
La Prune : *p. 30 à 33*
La Mûre sauvage : *p. 34*
La Merise : *p. 35*
La Framboise : *p. 36 et 37*
La Fraise : *p. 38 et 39*
La Groseille : *p. 40 à 43*
La Groseille à maquereau : *p. 44*
Le Cassis : *p. 45*
La Myrtille : *p. 46*
L'Airelle : *p. 47*
La Cornouille : *p. 48*
Le Sureau : *p. 49*
L'Arbouse : *p. 50*
La Corme : *p. 51*
La Noix : *p. 52*
La Noisette : *p. 53*
La Châtaigne : *p. 54 et 55*
La Nèfle : *p. 56*

Espèces introduites en culture

p. 57 : L'Olive
p. 58 à 61 : Le Raisin
p. 62 et 63 : Le Coing
p. 64 et 65 : La Figue
p. 66 : La Mûre
p. 67 à 69 : La Cerise
p. 70 et 71 : La Pêche
p. 72 et 73 : Le Brugnon et la Nectarine
p. 74 et 75 : L'Abricot
p. 76 : La Pistache
p. 77 : Le Pignon
p. 78 : L'Amande
p. 79 à 81 : Le Melon
p. 82 et 83 : La Pastèque
p. 84 et 85 : Le Kaki

Fruits exotiques et tropicaux

p. 86 : Le Citron
p. 87 : L'Orange douce
p. 88 et 89 : La Bigarade ou orange amère
p. 90 et 91 : Le Pamplemousse
p. 92 et 93 : Le Cédrat
p. 94 : La Lime
p. 95 : La Bergamotte
p. 96 : La Mandarine
p. 97 : La Datte
p. 98 et 99 : La Grenade
p. 100 : L'Avocat
p. 101 : Le Kiwi
p. 102 et 103 : L'Ananas
p. 104 et 105 : La Banane
p. 106 : La Sapotille
p. 107 : La Cacahuète
p. 108 : Le Kumquat
p. 109 : La Mangue
p. 110 et 111 : Le Litchi
p. 112 : La Noix de Coco
p. 113 : La Noix de Cajou
p. 114 et 115 : Le Fruit de la Passion
p. 116 et 117 : La Papaye
p. 118 et 119 : La Goyave
p. 120 et 121 : Le Chérimolier

p. 123 : Glossaire
p. 124 et 125 : Bibliographie
p. 127 : Crédits photographiques

La Pomme

*E*st-ce le premier fruit qu'ait croqué l'homme, et qui lui est resté en travers du gosier ? On en peut douter. Le récit de la Genèse, dans la Vulgate l'appelle pomum, mais ce mot en latin désignait toute sortes de fruits, dont la figue; nous avons donc le choix, tandis que la pomme se disait malum. Toujours est-il que le pommier est fort ancien, si ancien même qu'on a peine à en retracer l'origine : le pommier commun (Malus communis) n'est pas une espèce, mais un ensemble d'hybrides auxquels collaborèrent Malus acerba des forêts européennes, aux fruits petits et âpres, que récoltaient les hommes du néolithique, et Malus dasyphilla qu'on retrouve à l'état sauvage, formant des bois entiers, près de la mer Noire.

C'est la première espèce qui ait été cultivée d'abord dans le Proche-Orient, puis, par la Méditerranée, jusqu'en Europe occidentale. Par greffage, les Romains, au Ier siècle de notre ère avaient déjà obtenu vingt-neuf races de pommes. Aujourd'hui, nous en connaissons sept mille. Mais ce succès universel - on cultive le pommier dans toutes les zones tempérées du globe - a valu à la pomme la pire mésaventure qui puisse lui arriver : une culture intensive, avec des méthodes ultra-modernes de conservation.

*O*ù sont nos croquantes Calvilles, nos Reinettes si délicatement parfumées et qui font de si bonnes pommes au four, nos Ramburs souveraines en compotes ? Elles ont été submergées par les Golden Delicious, les Winterbananas; pire, par ces pommes qui n'ont même plus de noms, mais des initiales, voire des numéros, dont on vante la fabuleuse productivité.

*P*ourtant les plus savoureuses sont les plus anciennes. Si leurs noms actuels ne furent imprimés qu'au XVIe siècle, leur culture remonte au Moyen Age. Ces variétés ont souvent gardé le nom de la localité, où elles naquirent, ainsi les Ramburs ou Rambours, «si tendres que les morceaux en fondent dans la bouche», viennent de Rambures dans la Somme, célèbre aussi par son château. Nos Calvilles, côtelées et croquantes, la blanche et la rouge, sont originaires de Calleville, village du Calvados. Quant à nos Reinettes, si délicatement parfumées et qu'on peut consommer jusqu'au printemps, il en est du Mans, de Caux, de Champagne, de Saitonge, mais aussi d'Angleterre et du Canada, et chacune a sa saveur, qui est incomparable. Mais le record d'âge est assurément détenu par la pomme d'Api, qui, selon Pline (Ier siècle) fut obtenue de greffe par le Romain Appius. Elle a donc environ deux mille ans. Elle n'a pas cependant perdu sa bonne mine, sa consistance ferme, sa saveur douce et sucrée.

*T*outes n'ont pas disparu, loin de là, mais on ne les trouve plus guère que dans les vergers familiaux et presque jamais sur les marchés, où les pommes viennent de Rungis. Quelle consolation de voir encore dans la nature le vieux pommier de plein vent, tout en fleurs roses en avril, dont, tout l'hiver, nous mangerons les fruits, de grosses Reinettes grises, sous la forme de succulentes pommes cuites dans leur jus.

La Poire

Les poiriers qui croissent spontanément aujourd'hui dans les forêts ne sont que les descendants retournés à l'état sauvage d'arbres jadis cultivés, puis naturalisés. Le poirier commun (Pirus communis) est originaire des montagnes d'Asie Mineure, mais il fut très vite domestiqué. Du temps de Pline, au Ier siècle, les Romains connaissaient déjà quarante et une variétés de poires, on en dénombre aujourd'hui plus de mille cent. Cependant, c'était au départ une sauvageonne, petite, dure, pierreuse, astringente que récoltaient dans les bois les habitants des cités lacustres. Ils les coupaient en long et les faisaient sécher, ils avaient inventé la poire «tapée».

Pirus communis peut, en son grand âge - il vit plus de deux cents ans - atteindre vingt mètres de haut et cinq mètres de circonférence à la base; son écorce est alors crevassée en long et en large. En avril-mai, sa floraison en petits bouquets de fleurs d'un blanc pur, relevé par le pourpre des anthères, est une des plus émouvantes qui se puissent voir.

Les variétés de poires sont aujourd'hui innombrables, mais aucune n'a supplanté les poires anciennes, de loin les plus savoureuses par la délicatesse et la multiplicité de leurs arômes. Au XVIIe siècle, la poire avait atteint son apogée.

Si, à la fin de l'été, demeure insurpassable le «Bon Chrétien Williams», poire fondante et parfumée, qui fut, dit-on, apportée de Calabre par saint François de Paule à Louis XI, si la «Passe Crasanne», à la chair finement acidulée que relève l'ombre d'une âcreté, nous réjouit encore au cœur de l'hiver, l'automne est la saison de leur gloire. Se succèdent la «Louise Bonne», d'un vert tendre, semé de taches rousses, les grosses «Beurrés», bronzées, lavées de jaune ou de rose, juteuses, parfumées, qui fondent comme du beurre, l'opulente «Duchesse d'Angoulême» qui ne prit le nom de la fille de Louis XVI que sous la Restauration, mais qui existait depuis fort longtemps, la «Doyenné du comice», ainsi nommée en raison de son ancienneté, la «Conférence» interminablement allongée, qui ne déçoit jamais. Quoi de plus rassurant qu'une bonne poire ? Tous les sens d'un coup sont comblés et, pendant un bref instant, on se demande si la terre, après tout, ne serait pas le jardin des délices.

La Prune

Il faudrait dire les prunes, elles sont si diverses; pourtant leur variété n'a été créée que de main d'homme. Toutes nos prunes sont issues du prunier cultivé (Prunus domestica), qui n'est qu'un hybride du prunier myrobolan (Prunus cerasifera) et du prunellier sauvage ou épine noire (Prunus spinosa), aux fruits acerbes dont on ne peut faire qu'une eau-de-vie. Prunus domestica fut peut-être ultérieurement croisé avec d'autres espèces, par exemple Prunus institia qui est également sauvage. Hybridé, Prunus domestica est naturellement instable, ce qui a permis de diversifier ses cultivars. Mais le genre Prunus l'est aussi; pour un botaniste, Prunus ne désigne pas seulement le prunier, mais le pêcher, l'abricotier, le cerisier et même l'amandier; le genre est donc prolifique et, pour l'homme, merveilleusement bénéfique.

Au Moyen Age, on comptait sept variétés de prunes, dont la prune de Damas, origine probable de la prune d'ente, notre pruneau d'Agen (le mot n'apparaît qu'en 1507). Elles sont aujourd'hui plus de quatre cents, mais regroupées en trois races bien distinctes depuis le XVIe siècle :

• *les mirabelles, petites, sphériques, d'un jaune d'or piqueté de points rouges, à la chair ferme, sucrée, parfumée et d'un goût très particulier. Produite par un prunier de petite taille à la ramure étalée, cultivé surtout en Lorraine, la mirabelle fournit d'excellentes confitures; on en fait souvent des tartes.*

• *les quetsches (mot d'origine alsacienne), ovoïdes-oblongues, avec une longue fente sur la face ventrale, d'un violet-noir, recouvert d'une pruine bleutée, à la pulpe très ferme et à la saveur relevée, ce qui la rend tout indiquée pour en faire des confitures et de l'eau-de-vie. Elles naissent du prunier le plus haut et le plus élancé, couramment cultivé en Alsace.*

• *les reines-claudes, sphériques, d'un vert tendre, souvent marqué de rougeâtre, à la chair jaune verdâtre, assez dense, mais fondante et d'une saveur inégalable, ce qui fait d'elle la prune de table par excellence. On cultive ce prunier de taille moyenne, à la forme arrondie, surtout dans la région parisienne, en Auvergne et dans la vallée du Rhône.*

La Mûre sauvage

*Q*ui n'a, au moins dans son enfance, gobé des mûres, si abondantes en août et septembre dans les haies qu'elles envahissent au point de devenir rapidement indésirables. Ce sont, comme les framboises, des fruits composés de drupéoles, d'abord rouges, puis d'un beau noir bleuâtre et brillant. Comme ils n'avaient pas de nom propre, on leur a donné celui de la mûre du mûrier à laquelle ils ressemblent.

*C*e sont les fruits de la ronce commune (Rubus fructicosus), répandue surtout dans les clairières et en lisière de bois, sauf dans le Midi, où l'on trouve la ronce à feuille d'orme (Rubus ulmifolius), dont les fruits sont petits, fades et douceâtres. Bien meilleures sont les mûres de la ronce bleuâtre (Rubus caesium) qui fréquente les lieux frais et humides, aux fruits de grosse taille couverts d'une pruine bleuâtre.

*L*a seule façon de conserver les mûres est d'en faire des confitures qui sont très aromatiques. La ronce commune est aussi une plante médicinale, déjà bien connue des Grecs. Ses feuilles astringentes sont utilisées en infusion pour combattre dysenterie, diarrhée et même de petites hémorragies internes, et, en décoction, comme gargarisme contre l'angine, la pharyngite, les aphtes et la gingivite. Le sirop de mûre est recommandé contre la dysenterie, en particulier chez les enfants.

*L*a ronce est si répandue, si prolifique qu'on n'a même pas tenté de la cultiver, et tant mieux : rustique, populaire, enfantine, elle doit demeurer telle qu'elle est.

La Merise

La merise est une cerise amère, d'où son nom, écrit d'abord amerise, mais aussi vraiment petite, blanche ou rose, plus généralement rouge, devenant presque noire à maturité en juin-juillet. Les oiseaux, les merles surtout, s'y intéressent plus que les hommes; ce faisant, ils en disséminent les noyaux, contribuant à l'extension de l'espèce qui, en latin, s'appelle Prunus avium, cerisier des oiseaux. Peut-être même l'ont-ils introduite chez nous, car, bien que fort répandu, le merisier n'est pas indigène, mais subspontané, ce qui veut dire qu'il s'est naturalisé de lui-même. Son aire d'origine, on l'a découverte autour de la mer Caspienne, dans les forêts de Transcaucasie et d'Arménie.

En France, on trouve le merisier un peu partout, dans les bois, en plaine, sur les collines et même en montagne, où il monte presque aussi haut que le hêtre, mais toujours dispersé, mêlé aux autres essences. On le remarque, on l'isole, surtout en avril, quand il fleurit, avant l'apparition des feuilles, élevant très haut ses gros bouquets de fleurs d'un blanc de neige. C'est un arbre d'une belle venue qui monte jusqu'à vingt ou vingt-cinq mètres, parfois trente mètres, mince, très droit avec une cime pyramidale assez claire. Le tronc est gainé d'une écorce lisse, satinée, grise d'abord, puis brun rouge et semée de lenticelles claires; elle se détache alors facilement en lanières circulaires. De son bois qui, poli, devient très lumineux, l'éloge n'est plus à faire. Et puis, le cerisier sauvage s'est laissé apprivoiser; se civilisant peu à peu, il nous a donné ces grosses cerises juteuses qui font nos délices.

La Framboise

*L*e mot est d'origine germanique, il vient du francique *brambusia* qui désignait le fruit de la ronce et la framboise pour laquelle il n'existait pas de nom latin, les Romains ne la connaissant pas. Sous l'influence du mot fraise, *brambusia* est devenu framboise, qui n'est pas, comme on l'écrit souvent, une abréviation de «fraise des bois».

*L*e framboisier (Rubus idaeus) est en effet une ronce de montagne, commune dans tout l'hémisphère nord, en Amérique, en Asie, comme en Europe, avec des extensions en forêt de plaine, surtout au nord et à l'est de la France. De la souche persistante, surgissent tous les ans de nouveaux rejets dont la vie est limitée à deux années. La seconde, ils fructifient, puis se dessèchent et meurent. Les feuilles, à trois ou sept folioles, sont arrondies à la base et pointues à l'extrémité, vert pâle dessus, blanchâtres et tomenteuses dessous. Les fleurs, petites et blanches, paraissent de mai à juillet, les framboises à partir de juillet-août. Les fruits, le plus souvent d'un beau rose, mais parfois jaunes, sont composés de drupéoles, ce qui les rend très fragiles, difficiles à conserver et, plus encore, à transporter.

*L*e framboisier est cultivé depuis le Moyen Age, mais sa culture ne s'est développée que depuis deux siècles, surtout dans les pays nordiques, Hollande, Angleterre et Russie; en France : en Lorraine, en Bourgogne et dans la région parisienne. De la framboise, on fait de délicieuses confitures et gelées, ainsi qu'un sirop très parfumé.

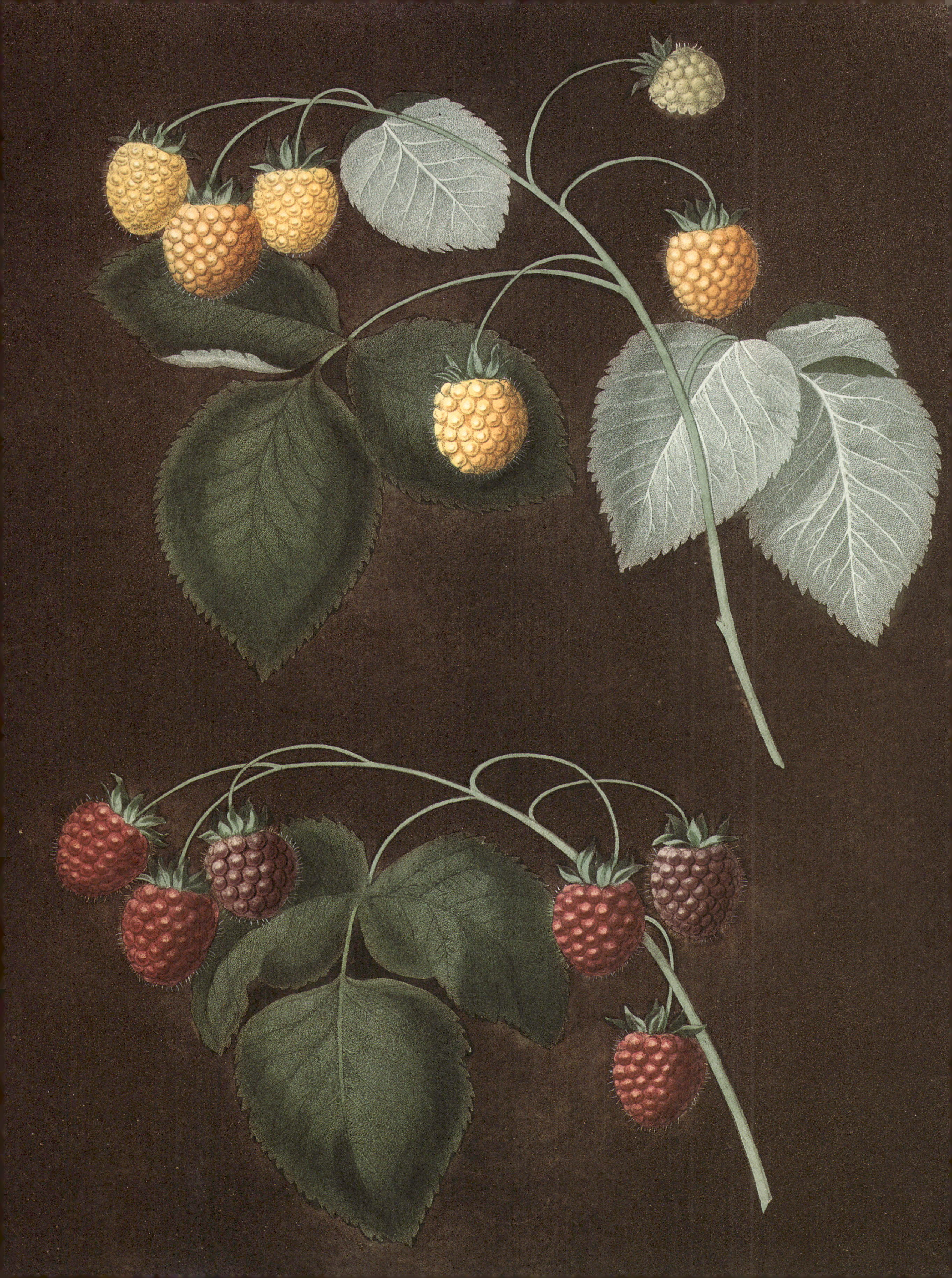

La Fraise

La fraise, nous l'avons vu, n'est pas un fruit, ou plutôt les fruits dans la fraise, ce sont les petits pépins qui en parsèment, dans de petites cavités, la surface rouge et sont en réalité des akènes. Quant à la chair pulpeuse qui fait nos délices, ce n'est qu'une extension du pédoncule floral, mais suscité par les hormones secrétées par les akènes.

La fraise, telle que nous la consommons, ce sont les jardiniers qui l'ont faite; pour une fois, l'homme a su collaborer sagement avec la nature. Jusqu'au XVIIe siècle, on ne connaissait que les fraises des bois, au goût certes inimitable, mais si petites, que les enfants allaient les récolter. Les jardiniers s'employaient à obtenir des fruits plus gros tout en conservant le parfum de la fraise des bois; ils obtinrent nos «fraisiers des quatre saisons».

Au début du XVIIIe siècle, un événement vint tout changer. Un capitaine du Génie royal, cartographe et quelque peu botaniste, qui s'était embarqué en 1711 à Saint-Malo, pour visiter la côte ouest de l'Amérique du sud, de Valparaíso à Callao, envoya en 1712 au Jardin du Roi à Paris, qui avait déjà reçu depuis peu des fraisiers à gros fruits venus de Virginie, le fraisier à fruits géants du Chili (Fragaria chiloënsis), qui, mis en culture, donna d'excellents résultats. De retour en 1714, notre voyageur apporta la nouvelle espèce à Plougastel qui depuis lors est la capitale de la fraise. Le plus étonnant de l'histoire est que le dit capitaine se nommait Amédée François Frézier. Bien que Savoyard, il aimait la Bretagne et mourut à Brest à quatre-vingt-onze ans en 1733. Ses fraisiers sont à l'origine de la plupart des variétés actuelles à gros fruits.

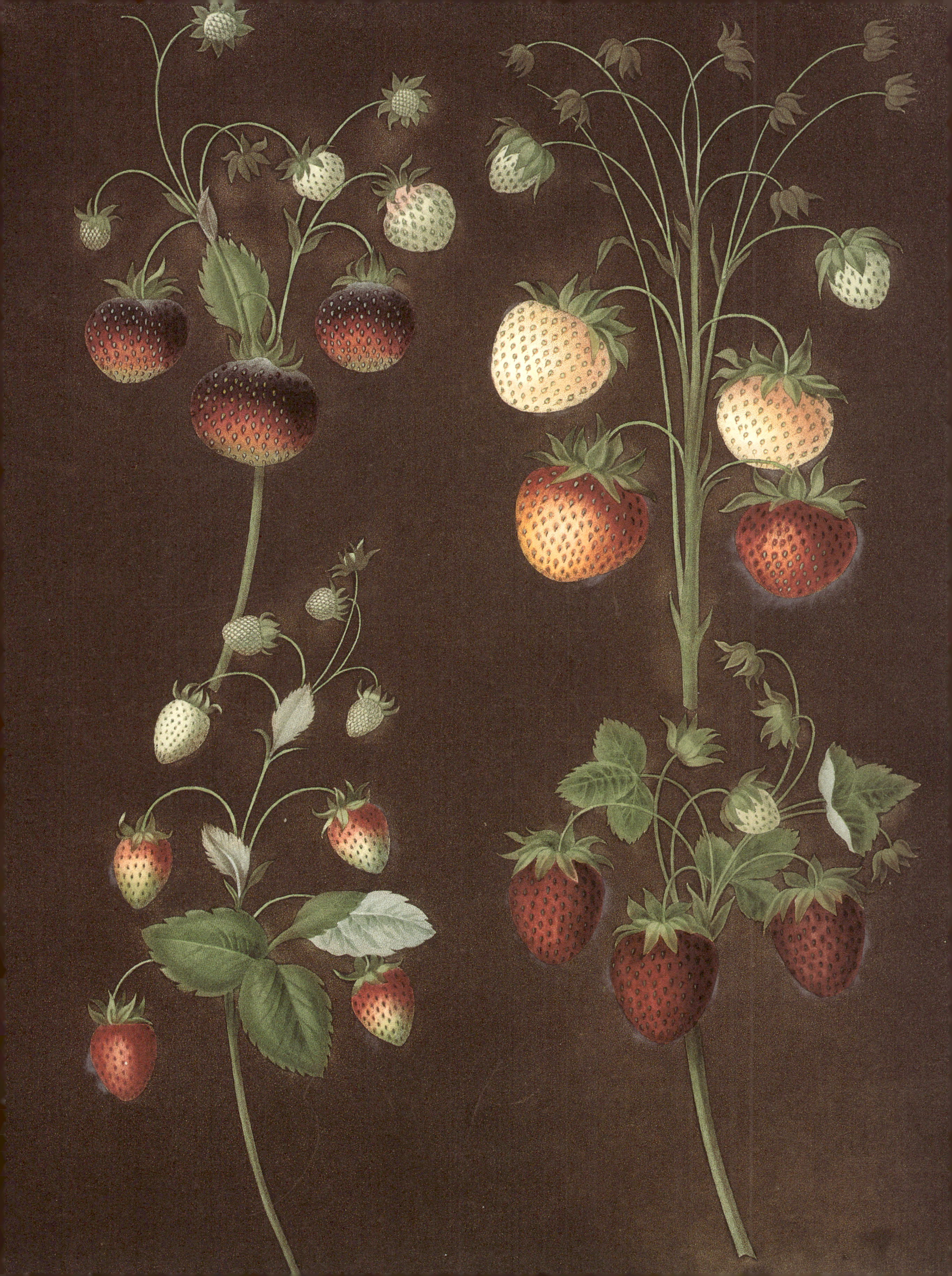

La Groseille

Fruits indigènes

Le groseiller de nos jardins est issu du groseiller rouge *(Ribes rubrum) qui* croît à l'état sauvage dans le nord-est de la France, en Alsace, en Lorraine, dans les Ardennes et le Jura. L'aire de l'espace couvre toute l'Europe nordique et centrale et s'étend jusqu'à l'Asie septentrionale. *Ribes rubrum* a été amélioré en culture par hybridation avec le groseiller des rochers *(Ribes petraeum), qui* est montagnard.

Le groseiller à fruits rouges forme un buisson de un mètre trente à un mètre cinquante de haut, aux rameaux minces et dressés portant de grandes feuilles à cinq lobes, ovales et dentées, plus ou moins pubescentes. Ses fleurs brun verdâtre en grappes sont insignifiantes, mais les fruits, en juillet août, forment de jolies grappes de baies brillantes, rouge vif, rose ou d'un blanc jaune très lumineux. Les groseilles sont fragiles et doivent être récoltées au bon moment : trop tôt, elles sont acides, trop tard, les grappes s'égrènent. La culture a corrigé l'excessive acidité du fruit sauvage; très parfumée, la groseille reste acidulée, qualité qui font de sa gelée vermeille l'une des meilleures.

La culture de la groseille n'est pas très ancienne; elle prit peut-être son départ dans le cours du haut Moyen-Age aux Pays-Bas - le mot groseille, apparu en français au XIIe siècle, provient du néerlandais croesel. En France, elle semble ne guère avoir été cultivée avant le XVIe siècle.

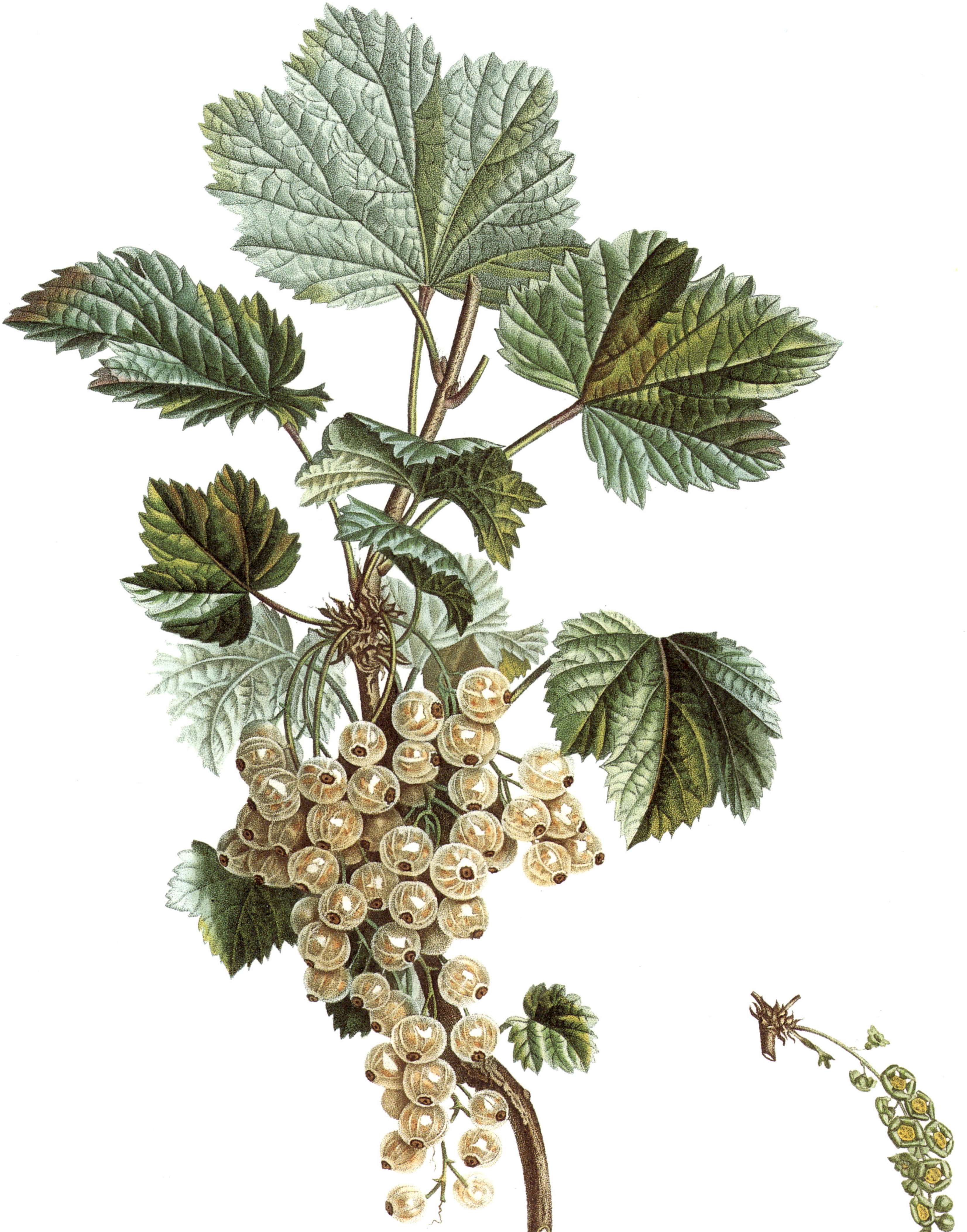

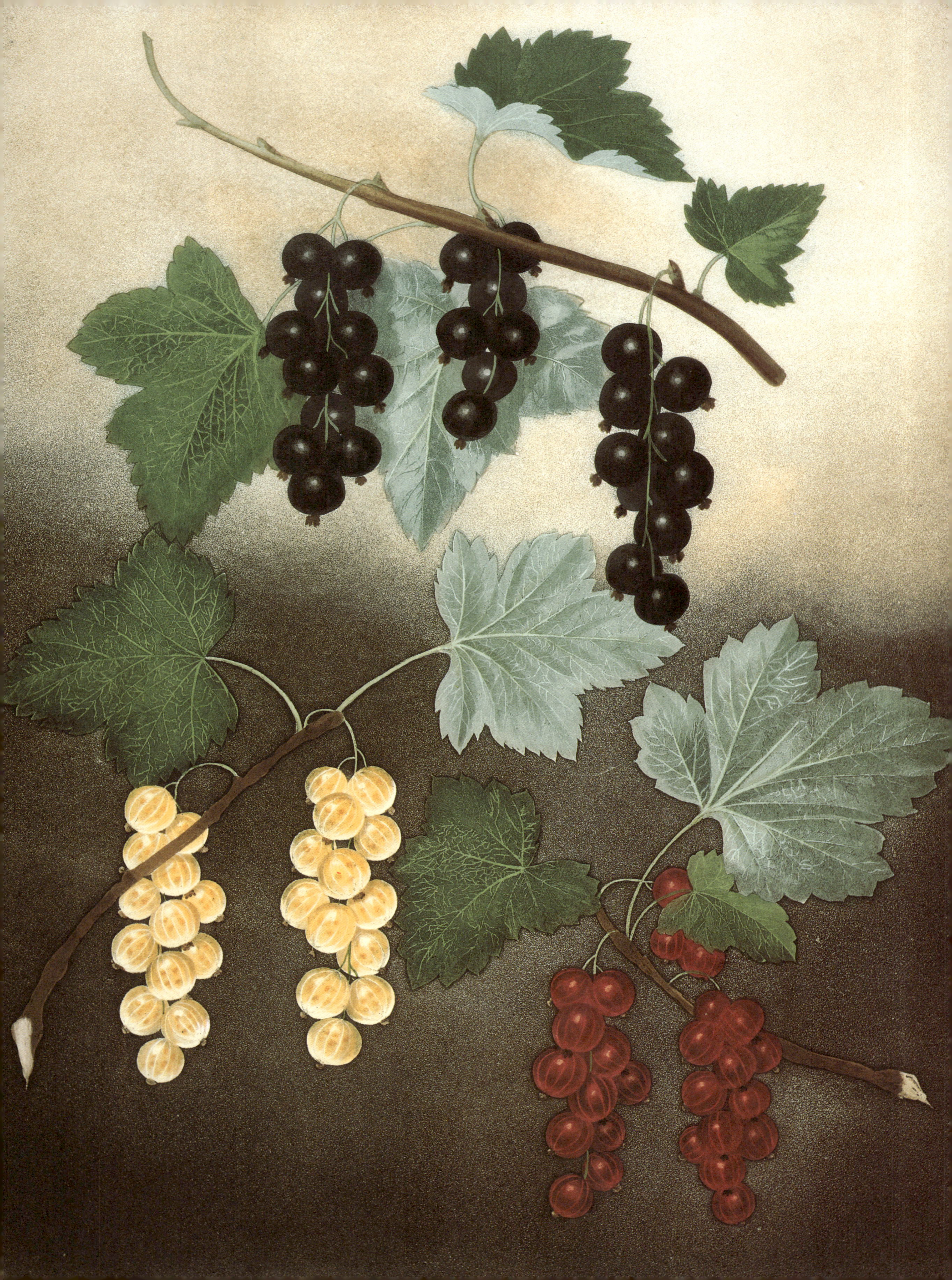

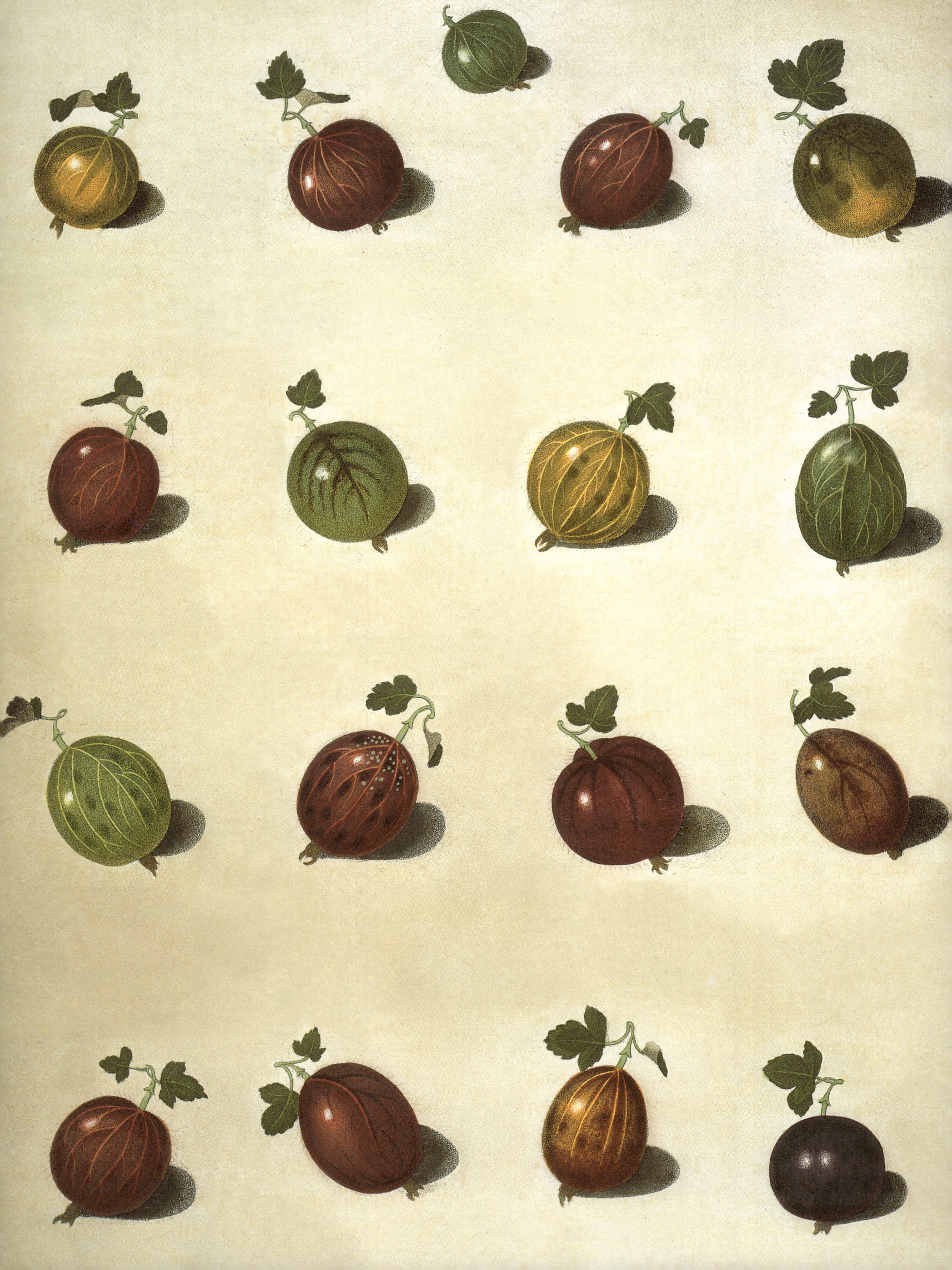

La Groseille
à maquereau

Pourquoi «à maquereau»? Parce qu'en Hollande, où le groseiller épineux est cultivé depuis fort longtemps, on servait les maquereaux à la chair un peu grasse avec des groseilles vertes et acidulées qui en relevaient le goût et en facilitaient la digestion. La culture de Ribes grossularia, dont on n'a de preuves écrites qu'à partir de 1500, semble avoir pris naissance en Angleterre, avant de se développer dans toute l'Europe du Nord. Bien que Grossularia vienne du latin grossulum, «petite figue», les Romains ne connaissaient pas cette espèce, absente des régions méditerranéennes.

Le groseiller épineux forme un petit buisson très serré de quatre-vingts centimètres à un mètre cinquante de haut, aux nombreux rameaux grêles et flexibles; se distingue en effet du groseiller rouge par ses aiguillons très piquants, ses feuilles plus petites, ses fleurs verdâtres et surtout par ses fruits qui sont isolés, gros comme de petites prunes, à épiderme translucide, sous lequel les nervures apparaissent telles des veines, jaunes, vertes ou rouges, hérissées de poils mous. Bien mûre, la groseille à maquereau a une saveur à la fois douce et acidulée, très différente de celle de la groseille rouge.

Le Cassis

Le nom de cassis, pour désigner le groseiller à fruits noirs, (Ribes nigrans) ne remonte pas au-delà de 1560 et vient probablement de cassia, la «casse» venue d'Orient, et très employée par les apothicaires. Antidiarrhéique et diurétique, le cassis fut d'abord un remède; on en utilisait les feuilles en infusion. A la fin du XVIe siècle, il était devenu un fruit de la table, mais peu apprécié; l'odeur vive que dégageait toute la plante, sa saveur aromatique, mais très forte en restreignaient l'emploi, jusqu'à ce qu'on l'ait utilisé sous la forme de confitures, de gelées et de sirops.

Ce n'est qu'au XVIIIe siècle que le cassis acquit sa renommée trouvant, si l'on peut dire, sa véritable destination, en devenant une liqueur familiale. Cultivé d'abord comme une curiosité dans les jardins, le cassis devint seulement l'objet d'une importante exploitation dans la région de Dijon, quand un liquoriste de cette ville mit au point, en 1841, la formule de la «crème cassis». Sous cette étiquette le cassis conquit le monde; il n'en est pas moins resté dijonnais.

La Myrtille

Brimbelles, maurettes, ambroselles, bluets, embrumes, ces noms locaux charmants trahissent la popularité de ces petits fruits noir violet, couverts d'une pruine bleutée, dont la récolte est l'occasion d'une promenade en montagne en juillet-août, dont on revient barbouillés de leur tenace suc violacé.

Les myrtilliers (Vaccinium myrtillus) forment un tapis végétal épais dans les sous-bois siliceux des montagnes, jusqu'à deux mille cinq cents mètres, de presque tout le continent. Ils abondent surtout en Europe nordique et centrale. C'est un arbrisseau qui ne dépasse pas soixante centimètres de haut, et dont les petites feuilles ovales et vert clair, prennent à l'automne des teintes magnifiques, pourpre et or. Les fleurs très gracieuses ont la forme de petits grelots blanc verdâtre, teinté de rose.

On consomme les myrtilles crues, saupoudrées de sucre, à la crème ou au vin, mais surtout on en fait des tartes, des confitures, des gelées, des sirops. Depuis au moins le XIIe siècle, on connaît les vertus curatives de la myrtille. Sainte Hildegarde de Bingen les loue dans sa Physica De arboribus. Ce fruit est astringent, tonique, antiseptique, antidiarrhéique et hypoglycémiant. Ajoutons, ce qui est moins connu, que, contenant un pigment anthocyanique qui favorise la régénération du pourpre rétinien, il rend leur tonus aux yeux fatigués.

C'est aujourd'hui encore, par excellence, un fruit sauvage. Pourtant, on l'a cultivé et, dit-on, amélioré en croisant notre myrtillier avec son cousin, le myrtillier à gros fruits d'Amérique du Nord (Vaccinium corymbolsum), de plus haute taille. Les hybrides qui en ont résulté (de un à deux mètres de haut) peuvent produire jusqu'à dix kilogrammes de fruits par pied; ils n'ont, assure-t-on, presque rien perdu des qualités gustatives de l'espèce sauvage.

L'Airelle

*L*e mot est un diminutif cévenol du provençal *aire*, venu lui-même du latin *atra*, noire, tandis que myrtille est un diminutif de myrte, arbrisseau méditerranéen très odorant, qui porte des fruits noirs, mais peu charnus. Airelle est méridional, myrtille plutôt nordique. Les mots sont à peu près synonymes, mais l'usage s'est établi d'appeler plutôt airelles les baies rouges et comestibles de ces Ericacées - les Vaccinium *appartiennent à la même famille que les bruyères.*

*L'*airelle rouge ou canche (Vaccinium vitis-idaea) *dépasse rarement quarante centimètres de haut, ses tiges sont rampantes, ses feuilles peu nombreuses, très petites, vert foncé dessus, coriaces et persistantes. Les fleurs, en mai-juin, clochettes blanches ou rosées forment de petites grappes. L'airelle, baie globuleuse, farineuse, à la saveur acidulée, devient rouge écarlate à maturité en août-septembre. On en fait des confitures très appréciées dont l'aire de répartition s'étend de l'Amérique du Nord à la Sibérie, où elle croît dans la toundra.*

*L*a canneberge (Vaccinium oxycoccum) *que l'on trouve surtout près des marécages et des tourbières est aussi un sous-arbrisseau couché. Le fruit est une baie blanchâtre à points rouges, d'une agréable saveur acidulée, mais si petite qu'elle est rarement récoltée. L'espèce* Oxycoccos macrocarpa *d'Amérique du Nord aux fruits beaucoup plus gros, que les Américains appellent cranberries, est parfois cultivée.*

La Cornouille

Quel promeneur s'aviserait de porter à sa bouche ces jolis fruits allongés, brillants et diaphanes comme de petites tomates, mais d'un rouge vif comme des groseilles bien mûres, qui luisent entre les feuilles bien vertes d'un arbuste dans la haie ? Nous ne savons plus distinguer dans la nature ce qui est comestible et ce qui peut être dangereux. Il est vrai qu'il convient d'être prudent, si les fruits empoisonnés sont rares, nombre des baies et des drupes que l'on trouve en abondance en été et à l'automne dans les bois sont, soit astringentes, soit purgatives, et bien peu ont la saveur que nous attendons d'un fruit.

Mais ces drupes rouges, les cornouilles, au goût aigrelet, étaient fort appréciées naguère et le cornouiller était planté dans les vergers du temps où l'on ne connaissait ni la pêche ni l'abricot. Des cornouilles, on faisait dans nos campagnes, il n'y a pas si longtemps, de savoureuses confitures. On en fait encore aujourd'hui dans le sud de la Russie; sous le nom de kisil, elles y sont fort populaires, tandis qu'en Turquie on confectionne un sirop de cornouille, qui a la couleur de la grenadine et dont les enfants raffolent.

Originaire du sud-est de l'Europe et d'Asie Mineure, le cornouiller mâle (Cornus mas) se trouve dans les taillis des forêts de l'est de la France. C'est généralement un arbuste de deux à cinq mètres de haut, parfois un petit arbre de sept à huit mètres. Ses feuilles, d'un vert brillant, ovales et pointues, se distinguent aisément à leurs veines presque parallèles qui convergent vers la pointe. Dès février-mars, bien avant la venue des feuilles, il se pare d'ombelles de petites fleurs d'un jaune éclatant qui surprennent en cette saison. Mais pourquoi cette épithète de mâle ? Jadis, on faisait des flèches, des javelots, des piques de son bois, le plus dur et le plus résistant qu'on connût; c'était en quelque sorte le bois des braves.

Le Sureau

Comme on le voit un peu partout, on ne le regarde plus. Pourtant, il a tout pour séduire, une allure vigoureuse et prospère, un port élégant, quelque peu nonchalant, un feuillage vert foncé, joliment découpé. Sans doute le remarque-t-on davantage, lorsqu'il fleurit, ne serait-ce qu'à cause de l'odeur âpre et forte, désagréable pour les uns, plaisante et roborative pour les autres, que répandent en mai-juin, les grandes ombelles plates de ses fleurs d'un blanc crème. En septembre-octobre, il se pare de petites baies globuleuses, serrées les unes contre les autres, dont le noir violâtre contraste avec les longs pédicelles rougeâtres. Le sureau noir (Sambucus nigra) est un arbuste de quatre à cinq mètres de haut, aux nombreux rameaux couverts d'une écorce liégeuse, brun grisâtre, à lenticelles blanches et saillantes; ils sont remplis d'une moelle blanche. En vieillissant, il peut former un petit arbre de huit mètres de haut avec un tronc épais.

Les populations néolithiques en récoltaient les baies qui sont comestibles; les Grecs utilisaient ses fleurs et ses fruits comme remèdes. Nos ancêtres aimaient beaucoup le sureau noir qu'ils plantaient souvent en lisière des villages qu'il était censé protéger. C'était un arbre de santé, comme le redécouvre aujourd'hui la phytothérapie. On peut en utiliser toutes les parties, y compris les feuilles et l'écorce. Des fleurs mucilagineuses et antispasmodiques, une fois séchées, on faisait une agréable tisane, à la fois sudorifique, diurétique et purgative, qui décrassait efficacement l'organisme. On les utilisait aussi en gargarisme contre les inflammations de la bouche et de la gorge. Des fleurs et des fruits au suc rougeâtre, on faisait aussi de très originales confitures et une eau-de-vie au goût un peu âpre mais agréable.

Au sureau noir, hôte en plaine des lieux humides, correspond en montagne le sureau rouge ou sureau à grappes (Sambucus racemosa) dont les fruits sont en effet rouge écarlate. On en fait dans les Vosges une délicieuse eau-de-vie.

L'Arbouse

C'est dans le maquis en hiver qu'il faut aller voir l'arbousier (Arbutus unedo). Certes, il est beau en toute saison, grâce à l'écorce rougeâtre de son tronc bas et trapu et de ses branches incurvées dont la teinte met en valeur ses feuilles persistantes, d'un vert soutenu et très brillant et d'un blanc bleuâtre au revers. Mais il prend une allure féérique, lorsqu'il fleurit en novembre-décembre, et très généreusement, en grappes de clochettes blanches légèrement touchées de rose qui ressemblent aux grelots d'une bruyère - il appartient en effet à la même famille, celle des Ericacées. En même temps, l'arbuste est couvert de ses fruits écarlates qui ont mis un an à mûrir. Ce sont des boules hérissées de minuscules tubercules assez fades. On en fait pourtant de bonnes confitures en Provence et en Corse; dans le sud de l'Italie et de l'Espagne, on tirait des arbouses une sorte de vin et une liqueur, la «crème d'arbouse».

Arbutus unedo dépasse rarement cinq mètres de haut, mais peut en atteindre dix, avec un tronc très court de deux mètres de circonférence et une cime très étendue (huit à dix mètres de large). L'espèce est spontanée en Corse, dans l'Esterel et dans les Maures, elle remonte jusqu'à la Drôme et la Lozère. On la trouve aussi dans les Landes, près du littoral atlantique, en Bretagne et jusqu'en Irlande, où l'on connaît des arbousiers de quatre cents ans, mais on pense qu'ils ont été plantés. Cependant, il existe une variété à fleurs rose foncé qu'on ne trouve qu'en Irlande. Arbutus serait, latinisé, le nom celte de l'arbre, arbo, qui désignait un fruit raboteux. Alors, sait-on jamais ?

La Corme

Qui connaît encore aujourd'hui les cormes, aussi précieuses pour nos ancêtres que les nèfles et qui, comme elles, se mangent blettes ? Le cormier (Sorbus domestica) est un grand arbre, qui vit jusqu'à cinq cents ans ou six cents ans et peut atteindre vingt mètres de haut avec un tronc de quatre mètres de circonférence. Son port est majestueux, grâce à ses branches vigoureuses qu'allège un feuillage composé de nombreuses folioles d'un vert sombre. Les cormes, mûres en octobre-novembre, ressemblent à des poires minuscules, d'un jaune vert teinté de roux, puis jaune brun à maturité. Le cormier est un méridional qui se plaît en terrain calcaire, où il accompagne le chêne pubescent.

Originaire du bassin méditerranéen, bien connu des Romains qui faisaient avec les cormes une sorte de poiré, qu'on fabriquait encore en France au XVIIIe siècle, le cormier, depuis des temps immémoriaux, a été cultivé chez nous; les cormes étaient appréciées non seulement en boisson, mais comme remèdes. En temps de disette, séchées et pulvérisées, elles entraient dans la fabrication du pain.

Il convient de conserver aux fruits du Sorbus domestica leur nom gaulois de cormes, afin d'éviter de les confondres avec les sorbes. Les sorbes sont les fruits d'une espèce très proche, le sorbier des oiseleurs (Sorbus aucuparia). On le rencontre dans toute l'Europe, le plus souvent en moyenne montagne, mais on en a beaucoup planté au bord des routes et jusque dans les villes, en raison de sa belle allure, de son beau feuillage composé et surtout de ses fruits magnifiques, d'un rouge corail éclatant, qui persistent jusqu'au cœur de l'hiver. Les sorbes, très âpres, ne sont guère comestibles pour nous, mais les oiseaux les apprécient beaucoup, ce qui explique que les oiseleurs de jadis s'en soient servi comme appâts pour leurs pièges.

La Noix

Juglans regia, son nom latin, proclame le noyer à la fois royal et divin, juglans étant une contraction de Jovis glans, «gland de Jupiter», ce qui montre à quel point les Romains appréciaient les nombreux bienfaits de ce don divin. Sous Tibère, son bois était utilisé en menuiserie et en ébénisterie, le brou de noix donnait un colorant brun, très tenace. Médecine antique puis médecine populaire faisaient grand usage de ses feuilles aromatiques, astringentes et riches en tanin; la phytothérapie les a remises en usage : sous forme de teinture, elles combattent le rachitisme, l'arthrose, la scrofulose, la gastro-entérite, elles sont aussi vermifuges.

Mais le «gland de Jupiter», c'est la noix, symbole de fécondité et d'abondance qu'on répandait - qu'on répand encore - devant les époux le jour de leur mariage. Par ailleurs, la noix semblait la parfaite illustration de la «théorie des signatures» qui eut cours longtemps dans la médecine traditionnelle. Dans la coque, on reconnaissait la boîte crânienne, dans les cerneaux les deux hémisphères cérébraux, recouverts par les méninges, la pellicule qui les entoure. En conséquence, la noix était prescrite contre les céphalées. N'en déplaise aux sceptiques, cette superstition grossière avait peut-être quelque fondement. Selon la biochimie moderne, l'huile de noix fournit au cerveau une hormone qui parfois lui manque et qui est indispensable à son bon fonctionnement. «Où l'on voit, écrit J.M. Pelt, que la «signature» de la noix n'était pas aussi dénuée de sens qu'on aurait pu le croire.»

De toutes manières, l'huile de noix est une des plus savoureuses; malheureusement elle rancit vite. Quand au vin de noix, il est non seulement stomachique et tonique, mais excellent au goût.

Le noyer est un fort bel arbre qui monte jusqu'à vingt ou vingt-cinq mètres et vit deux cents ou trois cents ans. Son tronc trapu se divise en très grosses branches dont les rameaux bifurquent en tout sens, ce qui lui confère un port très dense et une cime majestueuse, ample et arrondie. Ses feuilles composées de cinq ou neuf grandes folioles ovales ne paraissent qu'en avril-mai, en même temps que les gros chatons verts de ses fleurs mâles. On récolte les noix en octobre.

En France, le Dauphiné est le plus grand producteur de noix, suivi de près par le Périgord, mais la production nationale est dix fois inférieure à celle des Etats-Unis, où le noyer commun fut introduit en 1820; les plus grands vergers se trouvent en Californie (50 000 hectares).

La Noisette

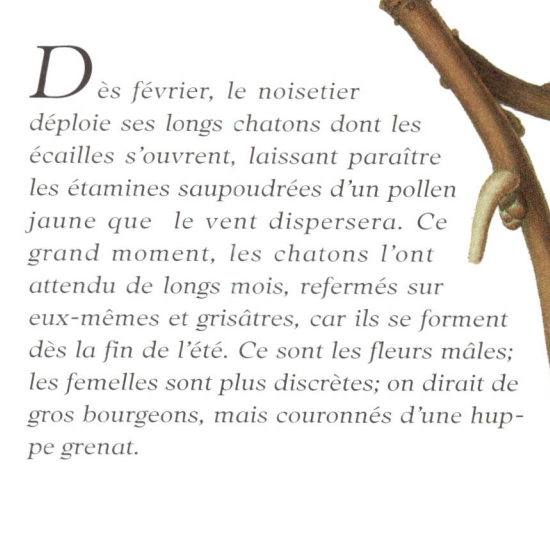

Dès février, le noisetier déploie ses longs chatons dont les écailles s'ouvrent, laissant paraître les étamines saupoudrées d'un pollen jaune que le vent dispersera. Ce grand moment, les chatons l'ont attendu de longs mois, refermés sur eux-mêmes et grisâtres, car ils se forment dès la fin de l'été. Ce sont les fleurs mâles; les femelles sont plus discrètes; on dirait de gros bourgeons, mais couronnés d'une huppe grenat.

A l'automne, la fête recommence. Dans le feuillage, les noisettes paraissent dans leur coque de bois poli, soigneusement enveloppée d'une colerette vert clair, la cupule. Le goût de la graine unique qu'elle contient, il serait vain de le louer.

Le noisetier (Corylus avellana) se trouve à peu près partout en Europe dont il est originaire. C'est un arbrisseau touffu de quatre à cinq mètres de haut, un gros bouquet de branches qui sortent directement du sol; ses feuilles nombreuses et serrées ont un contour finement dessiné, tendu par de fortes nervures. Pour les cueilleuses du néolithique qui les récoltaient, les noisettes étaient précieuses, car elles se conservaient longtemps dans leur coque.

Le noisetier ne porte ce nom que depuis le XVIe siècle. Auparavant, et encore à la campagne, on l'appelait coudrier, déformation du latin corylus, ce qui était plus descriptif, ce mot latin évoquant une tête à demi-couverte d'un casque ou d'un bonnet. Le rameau bifurqué qu'emploie le sourcier se nomme encore «baguette de coudrier».

La Châtaigne

Le châtaignier en son complet développement est vraiment imposant. S'il n'est jamais très haut (trente mètres au plus), il peut mesurer jusqu'à quatre mètres de diamètre à la base, avec une cime très ample, de grosses branches qui divergent en tout sens. Un arbre de cette taille est au moins centenaire. Certains châtaigniers en France approcheraient du millénaire. On en connaît de bien plus vieux. Le célèbre châtaignier de l'Etna, dont le tronc atteignait soixante-huit mètres de diamètre - ce qui faisait peut-être de lui le tronc le plus épais du monde -, avait entre deux mille cinq cents ans et trois mille ans. Il serait encore debout si des admirateurs trop empressés ne l'avaient ruiné, à force de prélever sur lui des souvenirs.

Castanea sativa a des feuilles de consistance ferme, très allongées et bordées en dents de scie, d'un vert intense et luisant, qui ne paraissent que très tard. En juin, se montrent les longs chatons jaune clair des fleurs mâles qui répandent alentour une odeur sucrée.

Le châtaignier est-il spontané sur notre terroir ? On en doute. En tout cas, son expansion ne remonte qu'à l'ocupation romaine de la Gaule. Les Romains eux-mêmes le croyaient venu d'Asie Mineure; ils lui donnaient le nom de Castanea, une colonie grecque du Pont-Euxin. En France, la culture du châtaignier se développa beaucoup au cours du Moyen Age. Jusqu'à la fin du XVIIIe siècle, la châtaigne demeura un des éléments de base de l'alimentation dans les campagnes méridionales.

La bogue verte et épineuse qui s'ouvre à maturité en quatre valves contient généralement trois châtaignes, mais de taille inégale. Ce sont des akènes, terminés par quelques poils raides, vestiges du calice. Les soins culturaux en firent les «marrons glacés». Le nom de marron ne fut appliqué que beaucoup plus tard aux fruits non comestibles du marronnier d'Inde, venu de Turquie en France en 1615.

Mais qu'est devenue la gloire d'antan du châtaignier ? Depuis 1950-1960, il dépérit. Non seulement il est attaqué par deux maladies cryptogamiques, l'endothiose, qui est un chancre de l'écorce et l'encre, plus nocive encore, car elle s'attaque aux racines, mais les châtaignes se vendent mal; les ménagères n'ont plus le temps de les préparer, on n'a plus le temps de les ramasser. La châtaigne demandait de la patience, et nous n'en avons plus.

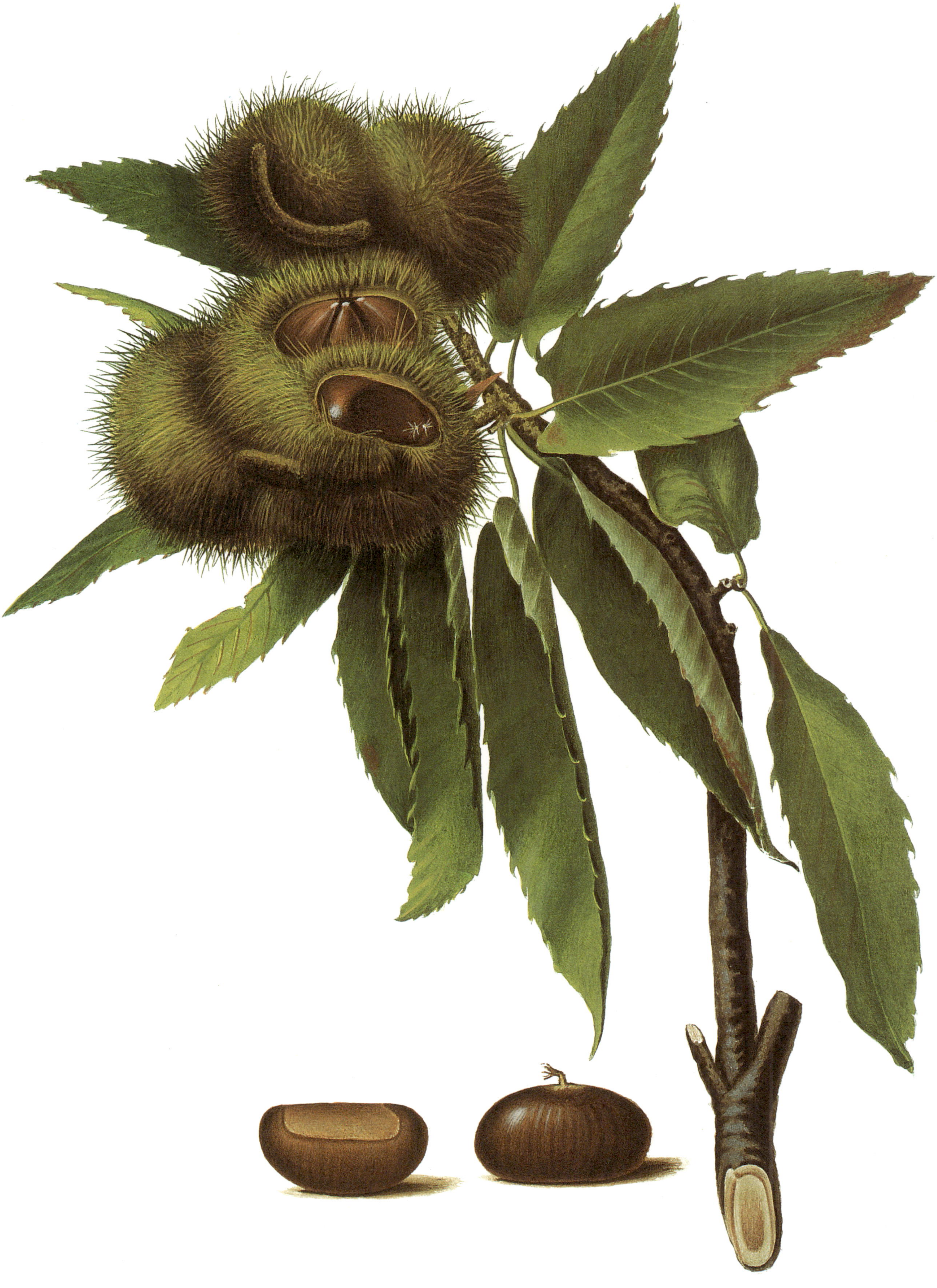

La Nèfle

On ne peut manger la nèfle, d'abord coriace et acerbe, que blette, c'est-à-dire amollie par un commencement de décomposition. Aussi la récolte-t-on le plus tard possible, après les premières petites gelées de l'automne, mais avant la chute des feuilles. Encore faut-il la conserver de deux à six semaines dans un grenier bien aéré et de préférence sur de la paille, et attendre que son épiderme soit passé du gris vert au brun cuivré. Alors, enfin, sa pulpe devenue molle prend une saveur douce, acidulée, un peu vineuse et somme toute, fort plaisante. Seulement c'est tout un art de peler une nèfle et d'en extraire ses cinq noyaux. On ne s'étonnera donc pas que nous consommions si rarement des nèfles, mais, pour nos ancêtres, c'était un des rares fruits frais de l'hiver.

Le néflier est spontané en France, dans les haies et en lisière de bois, bien que son nom latin, Mespilus germanica, semble indiquer une origine plutôt nordique. Il proviendrait d'une zone qui s'étend du nord de la Grèce au Caucase et à l'Iran. C'est un arbuste de quatre à cinq mètres de haut, aux formes tourmentées, aux rameaux nombreux, armés de piquants, tout au moins à l'état sauvage. Les fleurs, à la fin de mai, sont grandes et blanches, parfois teintées de rose. Jusqu'alors, rien que d'assez banal. Mais le fruit est étrange, comme on le voit en face. Les longues cornes qui bordent l'ombilic largement ouvert de la drupe sont les cinq lobes du calice subsistant.

Au Moyen Age, on plantait le néflier pour ses fruits astringents, capables d'enrayer un flux de ventre. On ne le cultive plus guère qu'en Europe centrale et orientale, où ses fruits servent à faire des confitures et des liqueurs.

L'Olive

*T*out le monde connaît la silhouette de l'olivier (Olea europea), inséparable du paysage méditerranéen. Il ne dépasse pas dix ou quinze mètres de haut. Son tronc trapu et tourmenté se fissure avec l'âge et devient énorme chez les très vieux exemplaires; il se creuse au point qu'on se demande comment il peut encore tenir debout. Son feuillage persistant, diffus, vert glauque assez sombre dessus et d'un blanc argenté dessous est aussi caractéristique. Mais il faut voir l'olivier en mai juin, si l'on veut sentir le doux parfum que répandent les grappes de ses gracieuses petites fleurs blanches.

*D*epuis des millénaires, on récolte les olives à l'automne et en hiver. Elles sont alors âpres et amères et ne deviendront comestibles qu'après traitement. Cueillies dès septembre, les olives vertes sont mises à tremper dans une solution de soude, jusqu'à ce que le noyau se sépare facilement de la pulpe et que l'épiderme ait viré au vert jaunâtre; on les lave ensuite afin d'éliminer la soude, puis on les conserve dans une simple saumure et on les met à sécher sur des claies au soleil, puis on les conserve dans l'huile.

*L*a cuisine méditerranéenne ne saurait se passer d'huile d'olive de première pression à froid, dite «huile vierge». Chez les Hébreux, l'huile d'olive était sacrée; elle l'est encore pour l'église qui utilise le saint chrême (mélange d'huile et de baume) pour l'administration des sacrements. On en faisait des onctions aux rois lors de leur sacre, comme jadis en Israël. Le Messie (en hébreu, mâschiakh) était l'«Oint du seigneur», le mot grec khristos, le Christ, a le même sens.

Le Raisin

Le raisin est une grappe dont les grains sont des baies, tel est le sens de son nom, qui vient du latin racemus. Tous les raisins, même ceux qui fournissent les meilleurs vins, ne sont pas propres à la consommation. Les raisins de table procèdent d'une longue sélection. Elevés en cordon ou en treille, parfois en serre, ils demandent des soins spéciaux, en particulier afin d'assurer leur bonne conservation.

La sélection des raisins de table a pris son départ à la Renaissance. C'est à François 1er que nous devons le meilleur d'entre eux, dont la qualité n'a jamais été surpassée. Le chasselas doré de Fontainebleau est né dans les plantations créées spécialement par ce roi à Thomery pour y cultiver des plants de vigne du Kurdistan qui lui avaient été envoyés par son allié turc, Soliman le Magnifique. Pour cette précieuse variété, fut mis au point un procédé qui permit de consommer des raisins frais jusqu'en mars ou en avril : grappe récoltée avec un bout de sarment et débarrassée de ses grains avariés, trempage dans de l'eau additionnée de charbon de bois, enfin conservation dans un local aéré et très frais.

Les muscats, ainsi nommés en raison de leur saveur musquée si particulière, sont probablement d'origine italienne. Les muscats blancs sont cultivés surtout dans le sud-ouest, à Frontignan et à Rivesaltes, par exemple, les muscats rouges un peu partout, le plus fameux est le muscat noir de Hambourg.

Quant aux «raisins secs», séchés au soleil, ils sont produits par l'Espagne - le malaga est issu du muscat d'Alexandrie à gros grain -, la Grèce, raisin de Corinthe, et la Turquie, raisin de Smyrne.

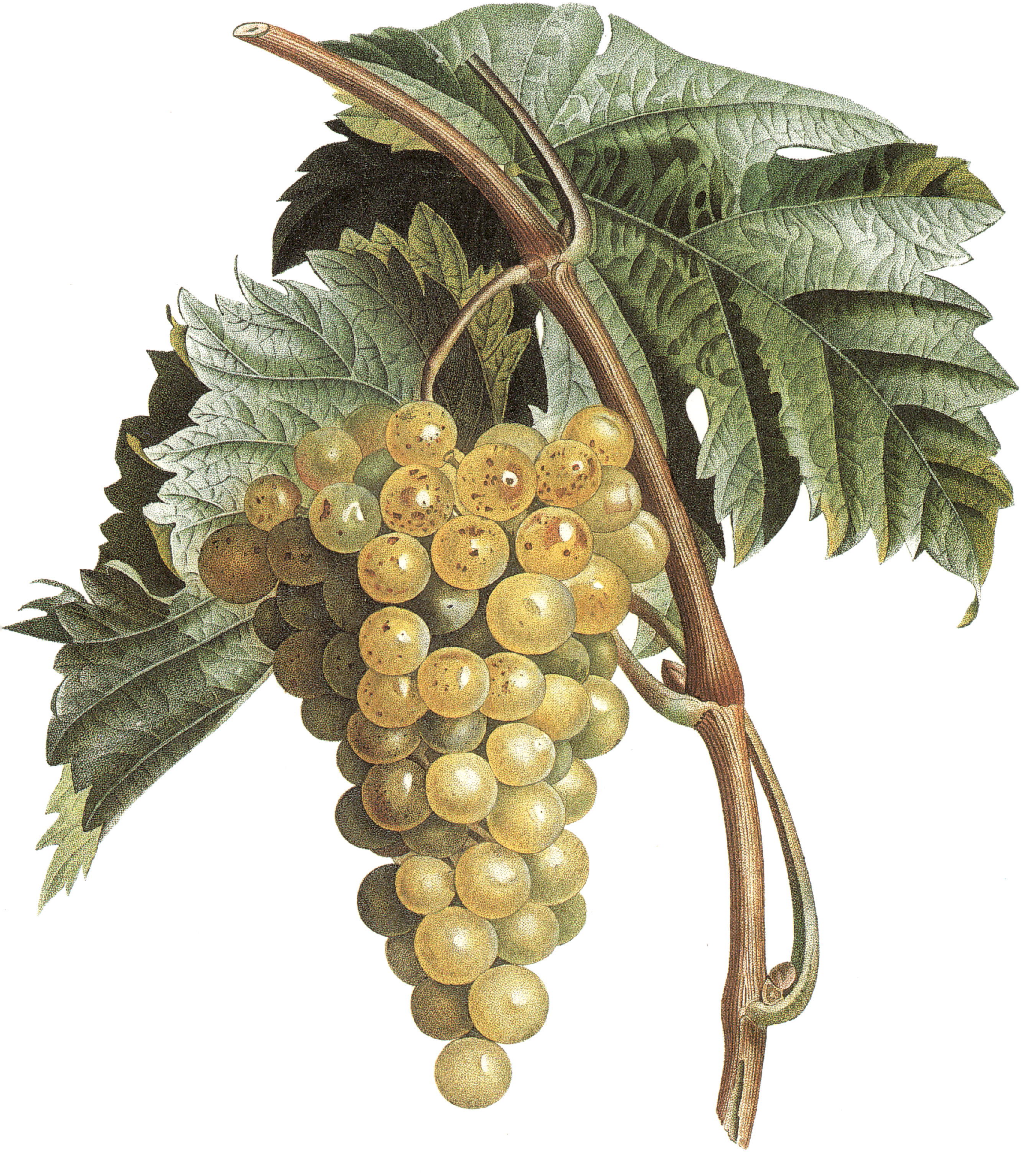

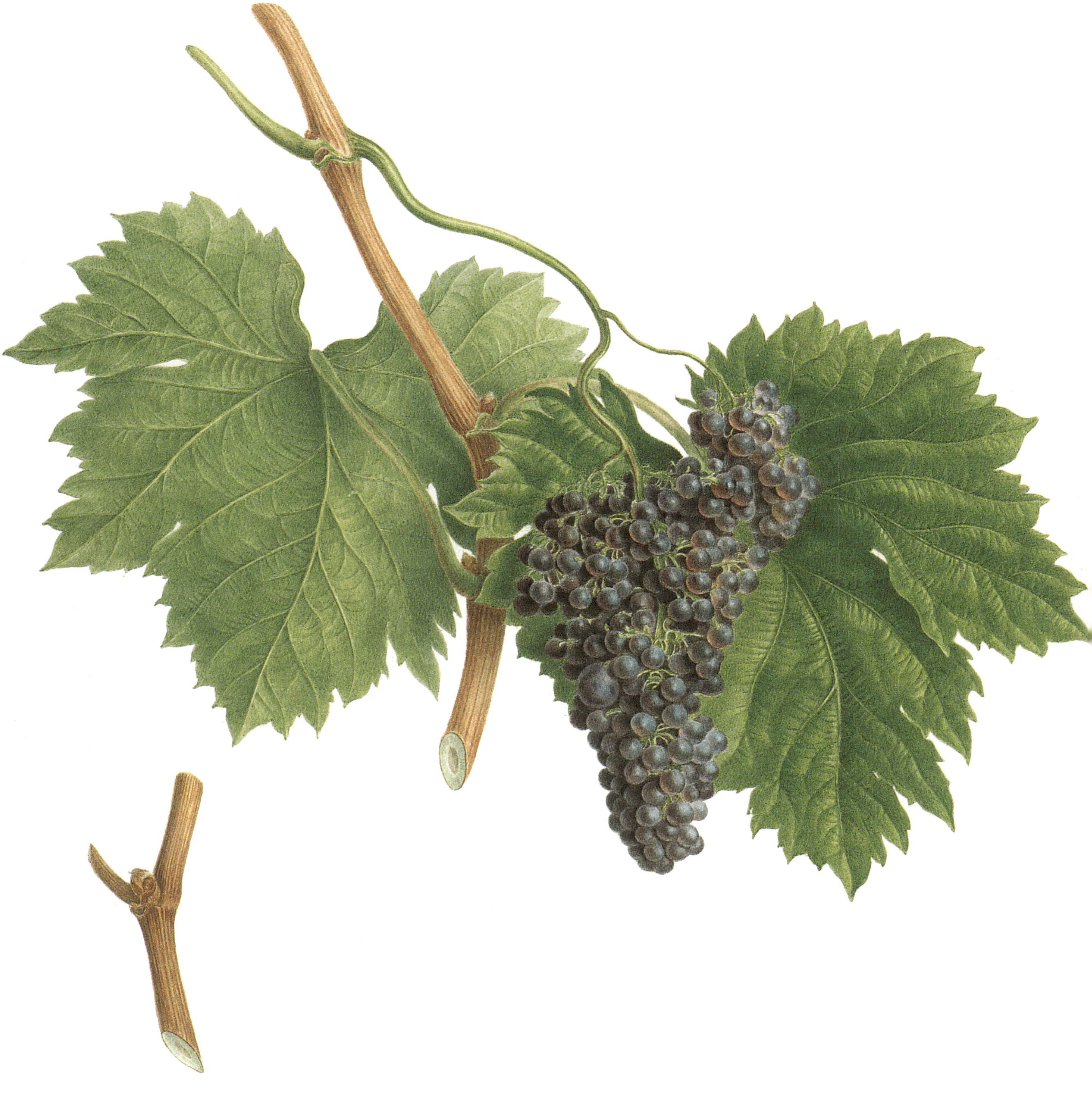

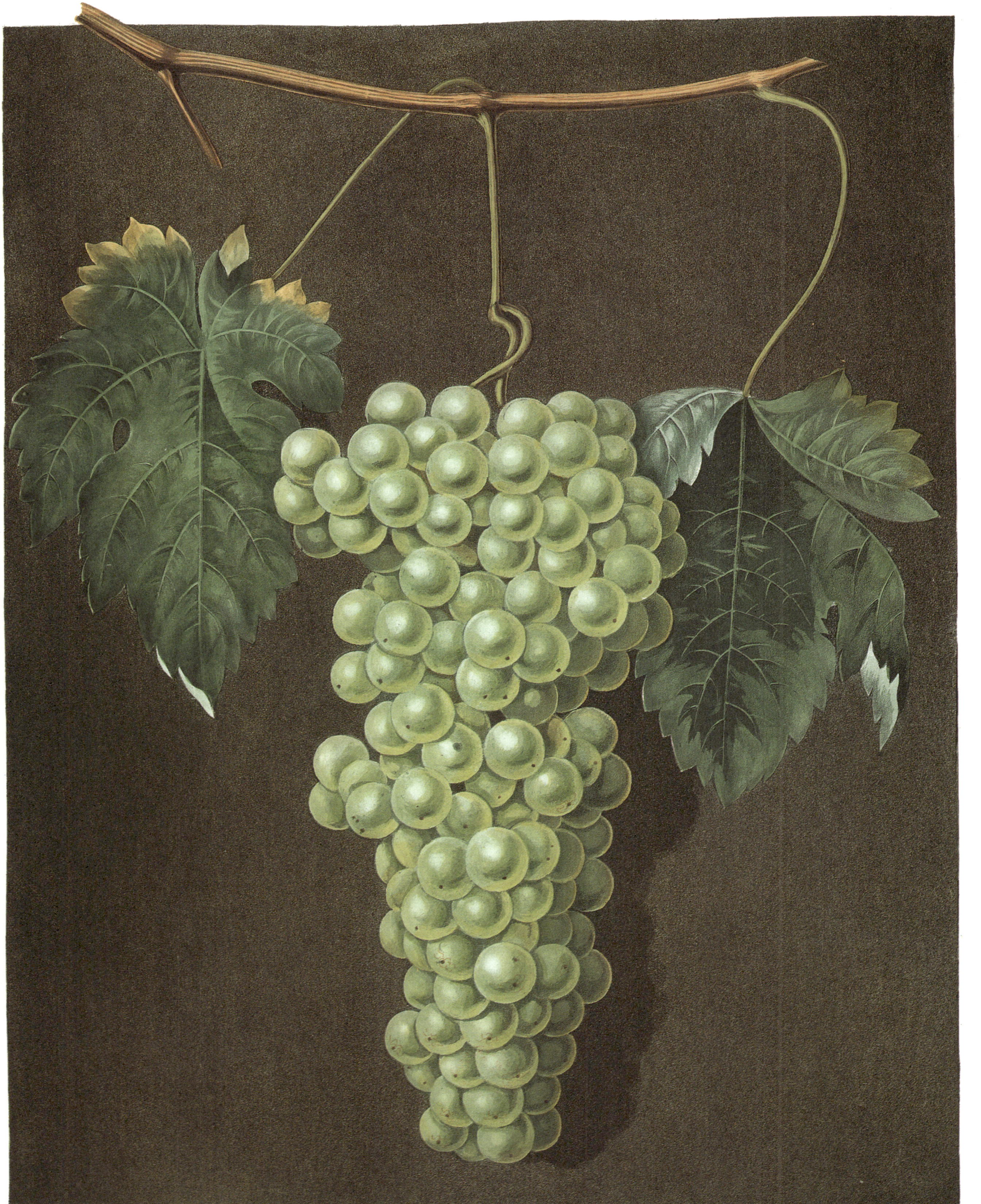

Le Coing

Jusqu'au XVIIIe siècle, on disait «cognasse», d'où cognassier, qui dériverait du latin kydonia, d'abord grec et évoquant la ville crétoise d'où les Grecs auraient reçu le cognassier au VIIe siècle av. J.C., ce qui n'a rien d'impossible, les Crétois ayant cultivé des arbres fruitiers bien avant les Grecs. Toutefois, la Crète n'était qu'un relais, c'est en Transcaucasie, en Arménie, au nord de l'Iran et au Turkestan que l'espèce fut retrouvée à l'état sauvage. Hippocrate et son école utilisaient l'astringence du coing, ce qu'on fait encore. Les Romains en confectionnaient une confiture, dont on possède la recette. Ils l'appelaient melimela (miel-pommes), nom qui lui est resté dans la pharmacopée médiévale. Tout ceci explique peut-être que le coing ait un peu grossi, mais fort peu changé.

Petit arbre rustique et longévif, le cognassier ne dépasse guère cinq mètres de haut, avec un port souvent buissonnant. Ses rameaux tortueux sont d'abord cotonneux, puis deviennent lisses. Ses grandes feuilles ovales, vert foncé et lustré dessous sont feutrées de gris au revers. Les fleurs, en mai-juin, sont de grande taille d'un blanc rosé délicat. Rien de plus appétissant que le fruit, cette très grosse poire, ventrue, bosselée, à la peau jaune d'or et duveteuse, mais la pulpe est coriace, âpre, astringente, en un mot immangeable. En revanche, elle répand un parfum très particulier, pénétrant et tenace. C'est lui que mettent en valeur les différentes préparations du coing, sirop, pâte de fruit, gelée sublime qu'on appelait jadis «cotignac» et qu'utilisaient beaucoup les gros mangeurs, tel Louis XIV, afin de se resserrer les entrailles.

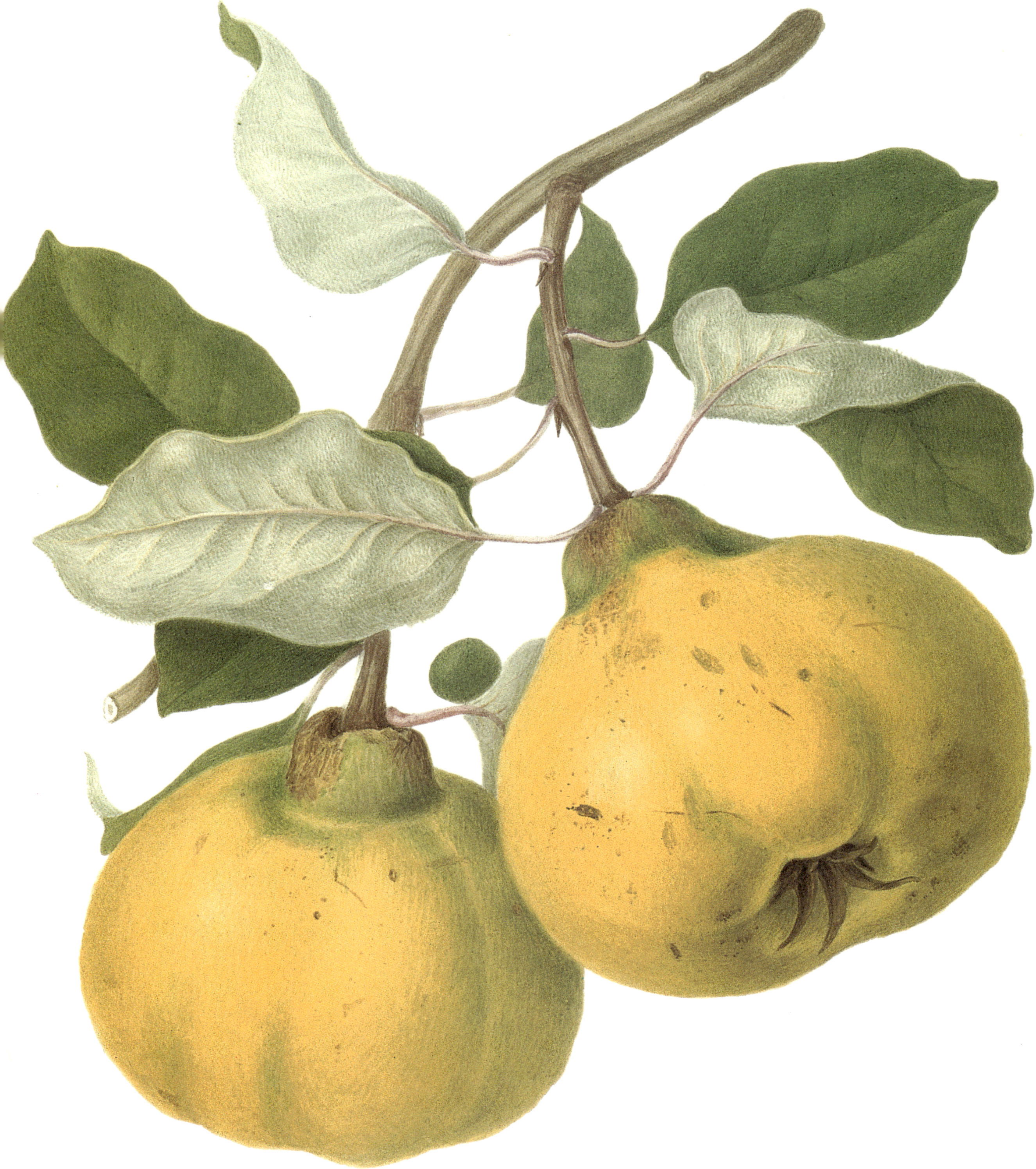

La Figue

Bien qu'on le rencontre à l'état sauvage en stations chaudes, ensoleillées et souvent rocheuses, le figuier n'est probablement pas indigène en France. Très anciennement cultivé dans tout le Moyen-Orient, il fut répandu en Méditerranée par les Phéniciens.

Ficus carica ne dépasse guère cinq mètres de haut, avec un tronc épais et trapu et une cime basse, arrondie et très étalée. Ses feuilles, très grandes (dix à vingt centimètres de long), charnues, vert foncé dessus, pâle dessous, sont remarquables par leurs cinq à sept lobes très découpés. La figue qui, nous l'avons vu, est en fait une fleur, est ou vert jaunâtre (figues blanches), ou d'un violet brunâtre (figues violettes). Fragile, elle se fendille à maturité, puis s'ouvre et se flétrit. Aussi, la meilleure façon de la goûter est, si possible, de la consommer cueillie sur l'arbre, sans la peler; encore faut-il la choisir bien mûre, de façon à éviter le latex caustique qu'elle contient avant maturité, comme d'ailleurs toutes les parties de l'arbre.

Sous nos climats, on ne pratique guère la caprification, fécondation artificielle, traditionnelle dans les pays méditerranéens. Cette opération serait chez nous pratiquement impossible et de surcroît superfétatoire : nos figues sont «parthénogénétiques», nées d'une vierge, comme disent les botanistes, non fécondées, donc stériles. En France, la culture du figuier est limitée aux régions les plus chaudes du sud de la Loire et de la Bretagne, où le fameux figuier de Roscoff, planté en 1610, a été coupé en 1986, peut-être sans nécessité.

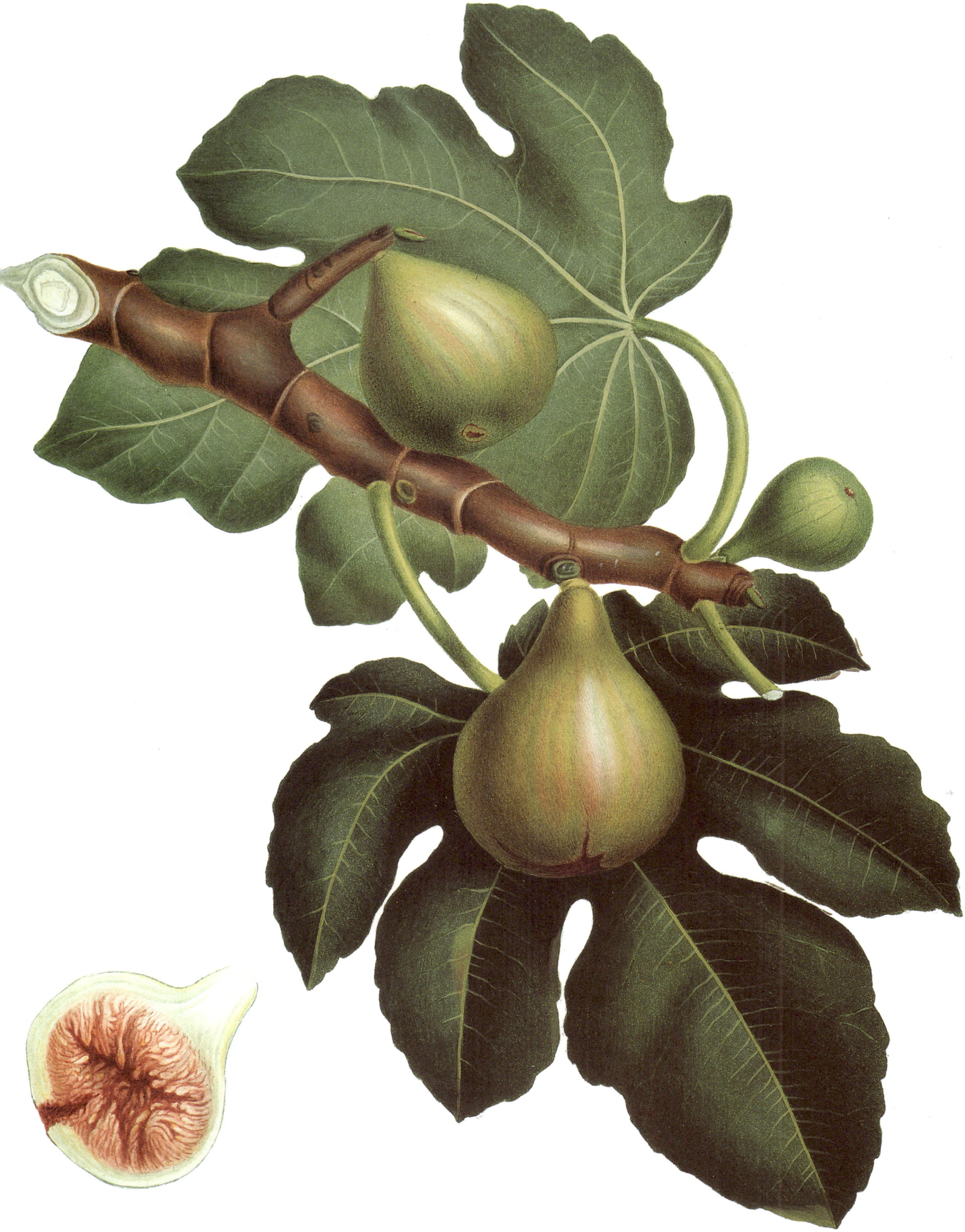

La Mûre

La vraie mûre est donc celle du mûrier, et plus précisément du mûrier noir, ainsi nommé à cause de ses fruits violet noirâtre, alors que ceux du mûrier blanc sont blanc rosé et d'une saveur fade et douceâtre. Les mûriers sont des arbres de dix à quinze mètres de haut, au tronc court et épais (un mètre de diamètre, environ), qui vivent jusqu'à quatre cents ou cinq cents ans. Leurs feuilles sont très grandes, et comme vernies, en forme de cœur et dentées, pubescentes dessous, fermes et vert foncé chez le mûrier noir, plus minces et plus claires chez le mûrier blanc.

Ces dernières étaient naguère indispensables à l'élevage du ver à soie. C'est à ce titre que le mûrier blanc fut introduit en France depuis l'Italie à la fin du XVe siècle. Mais l'espèce est d'origine chinoise et s'est répandue avec la sériciculture, de Chine en Perse, de Perse à Constantinople et de là en Sicile. Le déclin de la sériciculture a entraîné en France celui de cette espèce.

Au XVe siècle, le mûrier noir était depuis longtemps chez nous, où on le cultivait pour ses fruits. Originaire du sud du Caucase et de la Caspienne, et de l'Iran, il était bien connu des Grecs, qui appelaient la mûre sykaminon, nom dérivé de sykè, la figue ou moron, qui désignait aussi, comme en français, le fruit de la ronce. Au Moyen Age, on appréciait beaucoup les mûres à la saveur à la fois douce, acidulée et un peu astringente. On les a employées longtemps sous forme de sirop qui, acide et astringent, était efficace en gargarisme contre les maux de gorge. Dans le Midi, on en fait encore des confitures et un sirop réconfortant et rafraîchissant.

La Cerise

Cerise vient du latin cerasum, c'est donc le fruit du cerisier «vrai» Prunus cerasus, venu d'Asie Mineure en Europe, on ne sait pas bien quand. Quoi que ses fruits rouges soient très acides, Prunus cerasus, beaucoup plus petit que Prunus avium, a donné, croisé avec lui, toutes les cerises que nous connaissons et dont les Romains possédaient déjà plusieurs variétés cultivées. Il en existe aujourd'hui environ six cents, mais réparties en quatre grands groupes :

• les guignes, fruits du guignier resté proche du merisier, à la chair tendre, plus ou moins colorée, sucrée, au jus abondant, très appréciés comme fruit de table, mais consommés principalement sur place. On en fait compotes, confitures, pâtes de fruit, mais aussi des boissons alcoolisées, le fameux kirsch d'Alsace (de l'allemand Kirschwasser, «eau-de-vie de cerise»), dont il existe tant de contrefaçons, le cherry-brandy anglais, naturalisé français à Nantes, le guignolet, né à Angers en 1829. Les guigniers sont cultivés surtout dans l'Est et le centre de la France.

• les bigarreaux, de «bigarré» car leur peau est souvent bicolore, rouges, jaunes ou noirs, parfois en forme de cœur (bigarreau «cœur de pigeon»), à la chair vieil ivoire ou rouge clair, ferme et croquante, peu juteuse, mais sucrée. Ce sont les cerises de table les plus précoces et les plus courantes. Ce cerisier est cultivé surtout dans le Sud-Est.

• les cerises dites «anglaises», produites par un hybride à mi-chemin entre le merisier et le cerisier vrai, plus tardives, globuleuses, rouge vif ou foncé, à la pulpe souvent teintée de rouge, tendre, très juteuse, la plus savoureuse, le fruit de table par excellence, très apprécié des connaisseurs. On en fait aussi de très bonnes confitures. Les anglaises sont produites surtout dans l'Ouest et la région parisienne.

• les griottes, fruits du griottier (nom dérivé de agre, «aigre»), issu directement de Prunus cerasus, et qui est le plus petit des cerisiers (quatre ou cinq mètres de haut), mais à la cime très large, en parasol. Les griottes qu'on appelle aussi «amarelles» sont globuleuses, un peu déprimées, généralement rouge carmin foncé, presque brunes à maturité, leur pulpe est molle, acidulée, légèrement amère. Rarement consommées à l'état frais, les griottes, dont les plus connues sont les «Montmorency» d'un beau rouge vermillon, n'en ont pas moins de multiples usages : elles font les meilleures tartes, les meilleures cerises à l'eau-de-vie, d'excellentes conserves et confitures, enfin les ratafias de jadis, dont le délicieux «marasquin», qui venait de la côte dalmate.

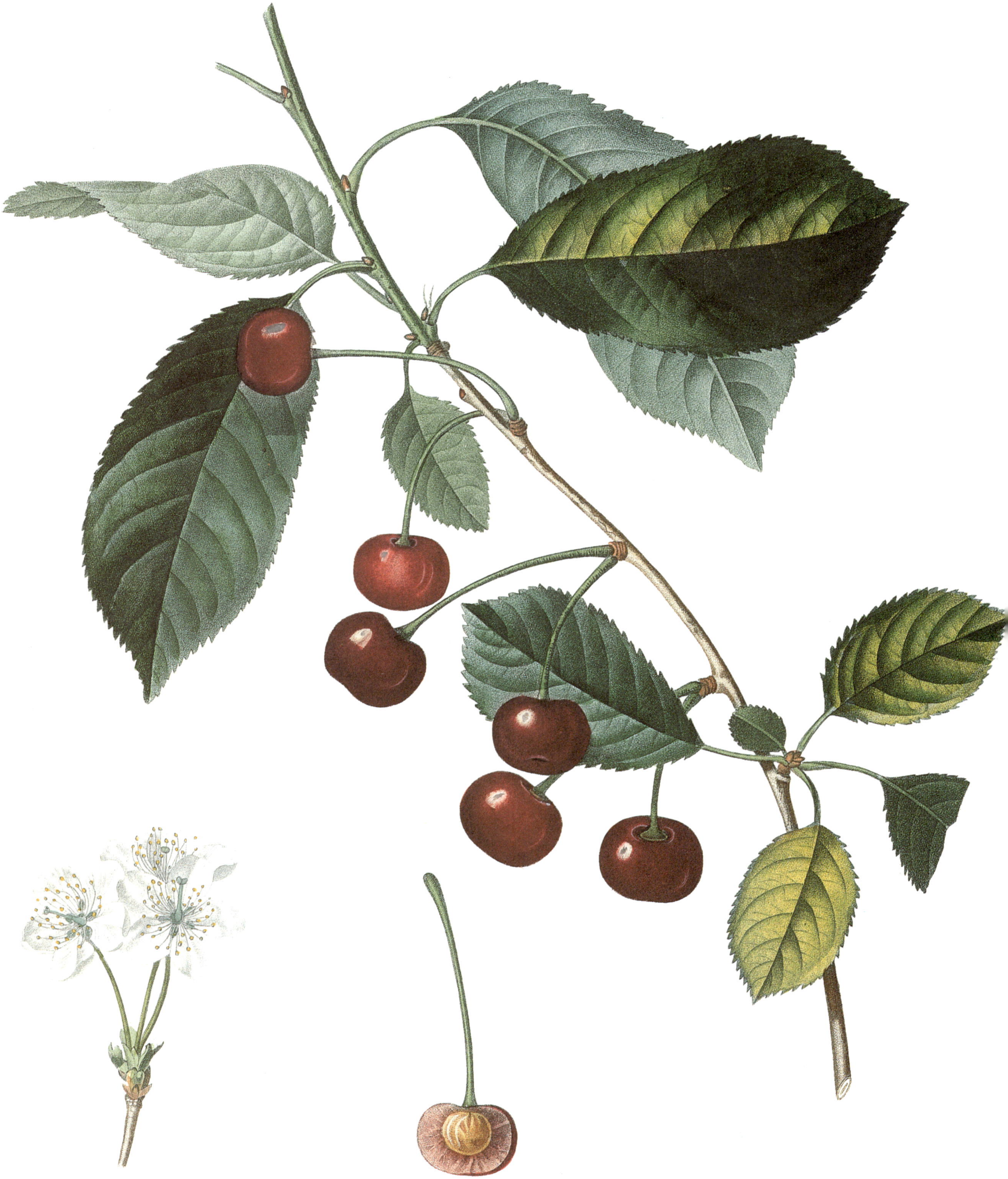

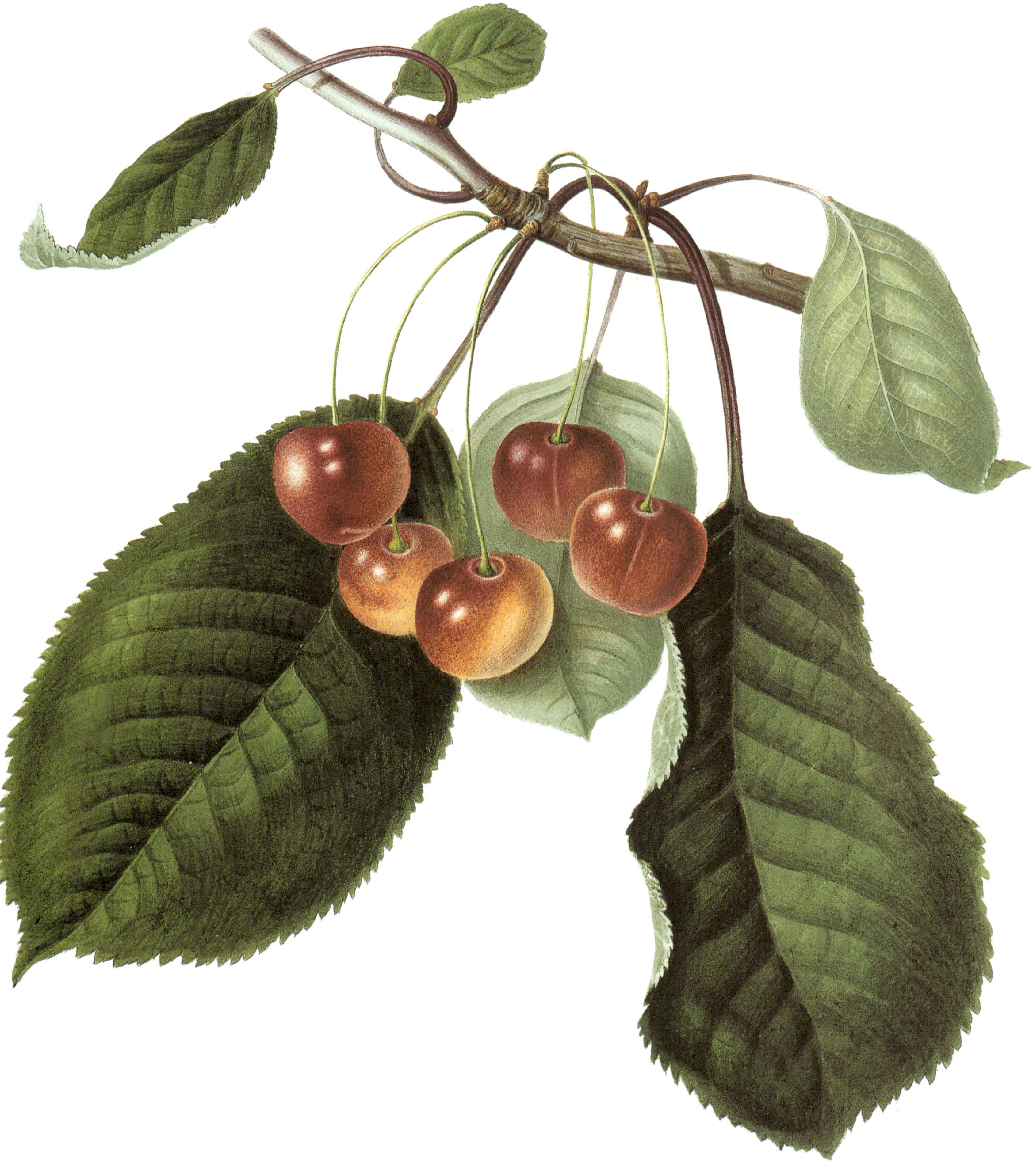

La Pêche

Il n'est pas de fruit plus sensuel ni plus délicat. La pêche est toute féminité, elle doit être traitée en tant que telle, voluptueusement, mais avec respect, sinon la rencontre sera manquée.

M. de la Quintinie, un galant homme et un gourmet, qui en connaissait trente-trois variétés et en obtint quelques nouvelles, pour Louis XIV qui sut les apprécier, conseillait, afin de reconnaître leurs qualités : «La première est d'avoir la chair si peu que rien ferme, cependant fine, ce qui doit paraître quand on leur ôte la peau, laquelle doit être fine, luisante et jaunâtre, sans aucun endroit de vert et se doit dépendre fort aisément, sans quoi la pêche n'est pas mûre : ce mérite paraît encore quand on coupe la pêche avec un couteau, qui est, ce me semble, la première chose à faire à qui la veut agréablement manger quand on en est à table et pour lors, on voit tout le long de la taille du couteau comme une infinité de petites sources qui sont, ce me semble, les plus agréables du monde à voir. Ceux qui ouvrent autrement les pêches perdent souvent la moitié de ce jus qui les fait estimer de tout le monde. La seconde bonne qualité de la pêche est que cette chair fonde dès qu'elle est dans la bouche et, en effet, la chair des pêches n'est proprement qu'une eau congelée qui se réduit en eau liquide pour peu qu'elle soit pressée de la dent».

On ne saurait mieux dire et les arboriculteurs des vergers fondés en 1695 par Girardot à Montreuil-sous-Bois, devenu au XVIIIe siècle la capitale de la pêche, lui rendaient un juste hommage en appelant les variétés promises à la gloire «Grosse mignonne» ou «Téton de Vénus».

Ces heureux temps sont-ils révolus ? Cultivée en énormes quantités dans des vergers industrialisés, où priorité est donnée aux pêches jaunes issues de variétés américaines, plus résistantes, donc mieux commercialisées, traitées et retraitées, calibrées et «conditionnées», la pêche ne serait-elle plus qu'un souvenir, une nostalgie du passé ?

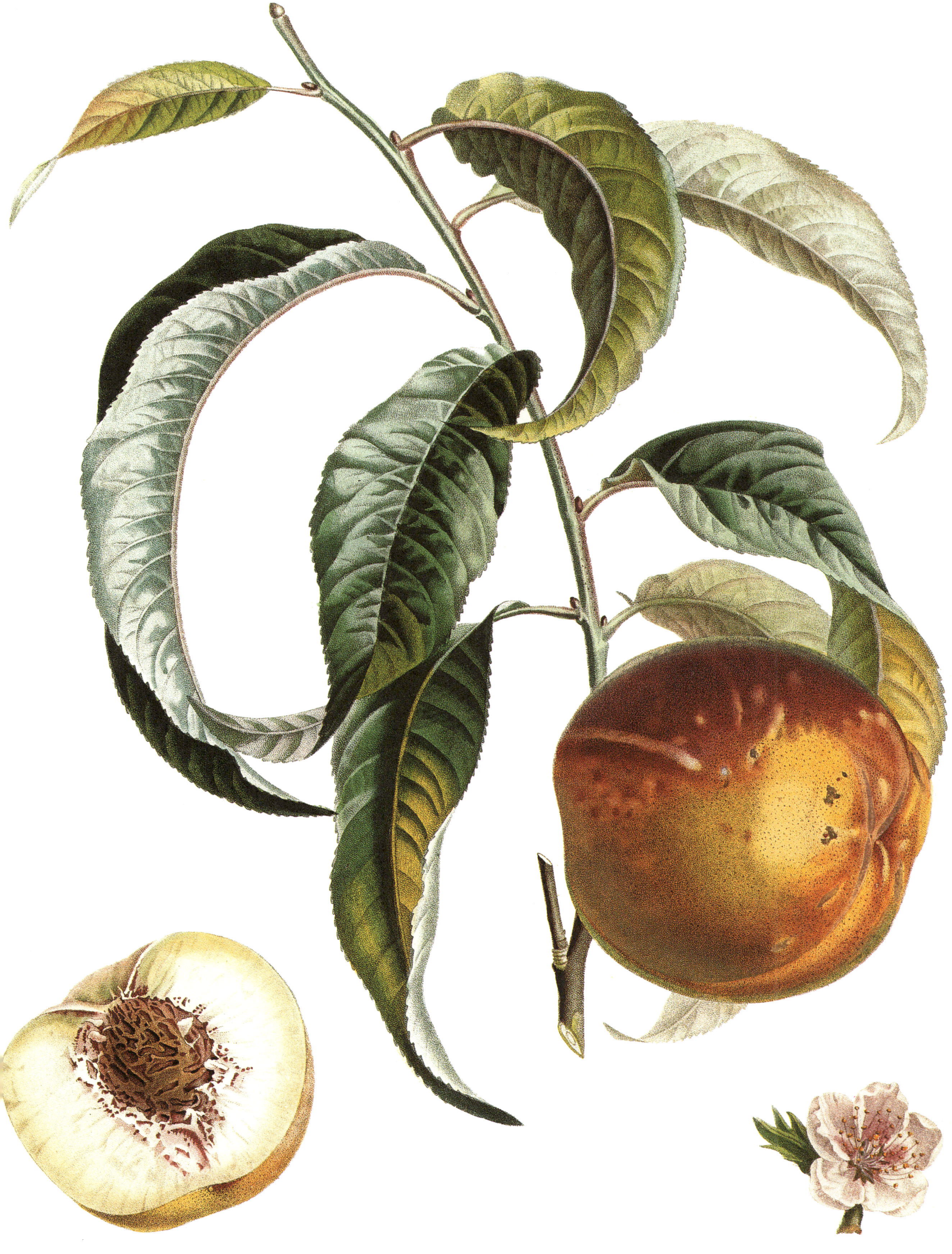

Le Brugnon et la Nectarine

La pêche doit être dépouillée. Aussi agréable au toucher que soit sa peau duveteuse, elle ne pourrait qu'en abîmer le goût. Ceux qui désirent la croquer telle quelle, sans la peler, peuvent lui préférer les brugnons et les nectarines à la peau lisse et luisante, mais dont la chair rustique est loin d'avoir la délicatesse de celle des pêches. Ce sont aussi des pêches, et non des hybrides de pêche et de prune, confusion qu'entretient le très vieux mot brugnon qui vient de prune, mais croisé, disent les linguistes, avec «brun», à cause de la teinte du fruit, un brun, d'ailleurs plus ou moins rouge, plus ou moins orangé. Quant à l'appelation «nectarine», elle nous est venue d'Angleterre au début du XIXe siècle. Brugnon et nectarine ne sont pas synonymes. Dans le brugnon, le noyau adhère à la pulpe, dans la nectarine, il est libre.

Il en va d'ailleurs de même pour les pêches à peau duveteuse, chez qui l'on distingue les pêches proprement dites, à noyau libre : alberges (nom d'origine espagnole), à chair blanche ou jaune, un peu aigrelette, vineuses ou sanguines (les pêches de vigne), au jus teinté de rouge, à la chair un peu âpre, mais plaisante, et les pavies (de la ville lombarde d'où elles furent reçues en France au XVIe siècle), au noyau adhérent à la pulpe, blanche, rouge ou jaune, moins fondantes, mais à la saveur robuste et fragrante.

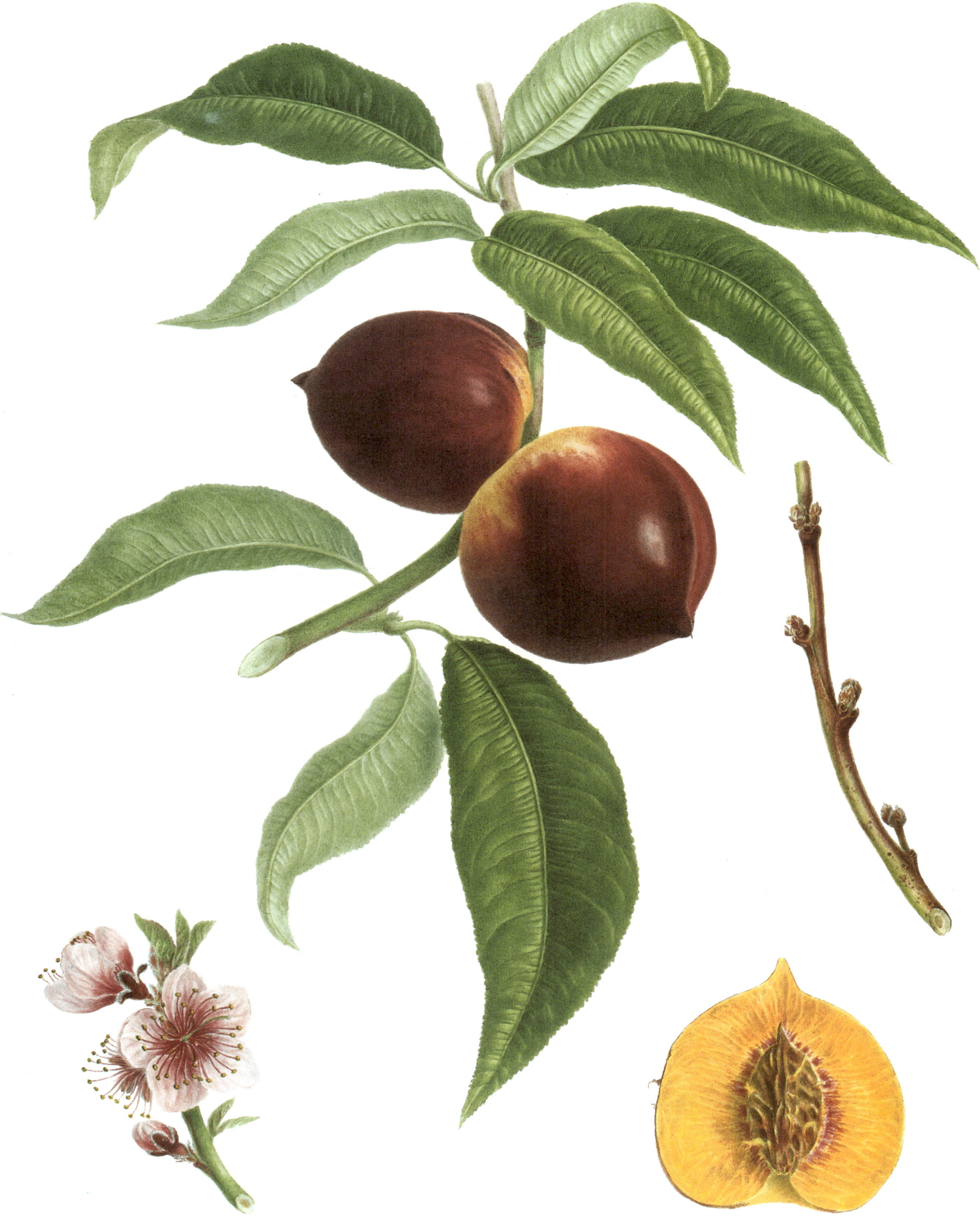

L'Abricot

Ce fruit duveteux et doré qui aujourd'hui fait nos délices eut quelque peine à s'imposer. Il n'est arrivé chez nous qu'assez tard, pas avant le milieu du XVe siècle et on l'a accusé d'abord de bien des méfaits à l'état cru. Aussi, jusqu'au XVIIIe siècle, ne le recommandait-on qu'en compotes ou en confitures. En revanche, on utilisait l'huile extraite de l'amande du noyau à qui l'on prêtait d'extraordinaires vertus, celles qui ont popularisé l'«huile de marmotte» extraite d'une espèce très proche, le prunier ou abricotier de Briançon.

Prunus armeniaca est un petit arbre à écorce rougeâtre de six à huit mètres de haut, à la cime arrondie, aux rameaux tortueux, au feuillage brillant d'un vert pimpant. Ses fleurs, qui paraissent avant les feuilles, dès le mois de mars, à corolle blanche teintée de rose tendre, sont charmantes et parfumées, mais durent peu, car elles supportent mal les gelées printanières.

La culture de l'abricotier n'est vraiment productive qu'en Provence et surtout dans le Roussillon qui fait de la France le troisième producteur d'abricots du monde. Rien de plus savoureux qu'un abricot bien à point, doré par le soleil, attendri et sucré par lui, et de préférence cueilli sur l'arbre où il a mûri. Mais l'abricot ne supporte pas la médiocrité; insuffisamment mûr, il a une chair élastique sous la dent, insipide, un peu acide; trop mûr, il peut laisser sur le palais un relent de punaises écrasées. On comprend dès lors les préventions de nos ancêtres. Avec l'abricot, plus qu'avec tout autre fruit, il faut se méfier des apparences. Vendu hors des pays de grande production, il est presque toujours décevant, parfois immangeable.

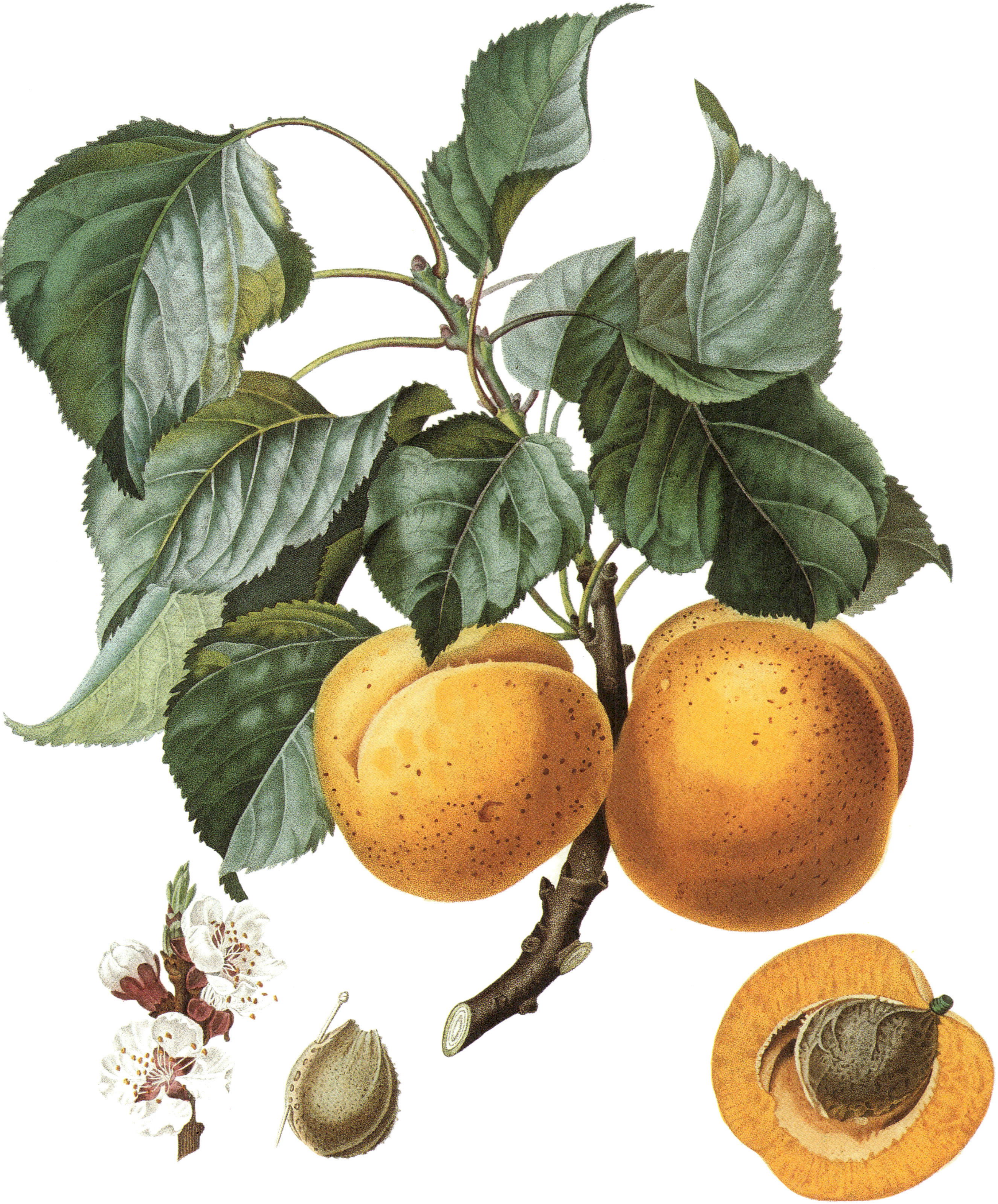

La Pistache

Cette graine brun-rosâtre à la surface, mais d'un vert clair au-dedans, est contenue dans une coque dure et lisse qui est le noyau unique d'une petite drupe. La pistache, oléagineuse, mais d'un goût très fin, se mange généralement grillée. On l'emploie beaucoup en pâtisserie, en confiserie et en charcuterie, mais les glaces à la pistache n'en contiennent jamais; elle y est remplacée par un arôme artificiel, accompagné du colorant ad hoc.

Le pistachier (Pistacia vera) croît à l'état spontané dans l'Anti-Liban, l'Iran septentrional et le Turkestan. Il aurait été apporté de Syrie à Rome sous Tibère par le général Aulus Vitellius qui devait par la suite devenir empereur.

L'arbre peut atteindre dix à douze mètres de haut et vit très longtemps. Ses feuilles, composées de trois à cinq folioles ovales et pointues, sont coriaces. Les drupes ovoïdes, rugueuses, un peu ridées, d'un beige rosâtre se présentent dressées en grappes très serrées. Pistacia vera est naturalisé dans le Midi, où l'on trouve aussi, sur les sols secs et rocailleux, son proche parent, le pistachier térébinthe (Pistacia terebinthus), dont les drupes comestibles, mais très petites et un peu charnues, ont une saveur aigrelette et rafraîchissante.

Espèces introduites en culture

Le Pignon

*L*e pin est aussi un arbre fruitier, tout au moins l'une de ses espèces, et de façon quand même modeste. Cependant, c'est cette particularité, rare chez un pin, de produire des graines comestibles, qui a conduit l'homme à répandre cette espèce tout autour de la Méditerranée où elle fait partie du paysage et lui donne souvent son pittoresque. La silhouette de ce conifère est en effet très belle.

*L*e pin pinier ou pignon, ou pin parasol (Pinus pinea) n'est pas très haut (vingt à vingt-cinq mètres), mais son port majestueux est unique parmi les pins. Lorsqu'il atteint son plein développement, l'arbre a perdu toutes ses branches basses, mais celles de la cime s'évasent largement, formant ce parasol d'un vert vif et gai qui lui a fait donner l'un de ses noms.

*S*es «pommes» ou strobiles, appelées «pignes», sont grosses, ovoïdes, d'un rouge brun luisant. Chacune de leurs écailles abrite, dans une coque dure, une graine de forte taille (deux centimètres sur un centimètre), mûre seulement au bout de trois ans. D'un blanc laiteux, féculent et huileux, le pignon a une saveur très plaisante, ce qui le fait employer fréquemment par les pâtissiers et les confiseurs.

L'Amande

Dans l'amande, ce n'est pas le fruit que l'on mange, mais sa graine, les deux cotylédons, dont l'un est souvent avorté, de la future plante, ce qui explique sa richesse nutritive. L'amandier est méditerranéen, il ne prospère que dans le Midi. Alors que l'hiver est loin d'être fini, parfois dès janvier, paraissent à même le bois ses grandes fleurs blanches ou rosées. Une telle précocité a son revers; les fleurs sont menacées par les gelées. Passée cette apothéose, on ne remarque guère ce petit arbre de huit à dix mètres de haut à l'aspect plutôt terne, au tronc épais souvent tordu, à l'écorce foncée, aux branches noueuses, au feuillage d'un vert brillant, mais clairsemé. Mais bientôt paraissent les drupes oblongues, feutrées, d'un vert tendre que l'on récolte entre juillet et octobre.

Amandes douces et amandes amères proviennent de deux variétés distinctes : «dulcis» et «amara». Les amandes amères, plus proches du type ancestral, renferment un hétérocide qui, au contact de l'eau, se transforme en acide cyanhydrique (l'ancien acide prussique) lequel est un poison violent, contenu aussi dans l'amande des noyaux de la pêche et de l'abricot. On utilise cependant les amandes amères, en pharmacie, en sirop contre les maux de gorge.

Quant aux amandes douces, on les déguste parfois fraîches, et encore laiteuses, et le plus souvent grillées. Elles sont très utilisées en pâtisserie : pâte d'amande; plus encore en confiserie : les dragées, qui sont des amandes enrobées de sucre glacé, nougats, pralines, calissons d'Aix. On en confectionnait aussi naguère, en les faisant macérer dans du lait sucré, le délicat sirop d'orgeat; mais ce qu'on vend aujourd'hui sous ce nom n'est qu'un succédané de synthèse. On l'utilise enfin en cosmétologie : huile d'amandes douces.

L'amandier serait arrivé en Provence au Ve siècle, apporté par les Romains qui le cultivaient depuis le IIIe siècle av. J.C.; ils le tenaient des Grecs à qui il était parvenu de Perse avant le VIe siècle av. J.C. Les Arabes l'introduisirent en Afrique du Nord. A l'état sauvage, l'espèce se trouve sur le plateau iranien et jusque dans les vallées du Tian'-Chan' (Chine). Naguère prospère, la culture de l'amandier est aujourd'hui presque abandonnée en France, du fait de la concurrence espagnole, et surtout américaine.

Le Melon

Nous ne connaissons le melon que depuis les dernières années du XVe siècle; il aurait été rapporté d'Italie par les chevaliers de l'expédition de Charles VIII parti conquérir en une campagne éclair le royaume de Naples. Il s'agissait du Cantaloup, de Cantalupo, une villa du pape, près de Rome, où l'on cultivait ce melon. L'espèce venait de très loin, du Soudan, probablement, mais les fruits de la plante sauvage y sont gros comme des prunes et sans saveur. En fait, ce sont les Egyptiens des temps pharaoniques qui ont amélioré ce fruit, au point qu'il avait déjà chez eux les caractéristiques que nous lui connaissons. Le melon est arrivé dans la région de Naples au Ier siècle de notre ère.

Les botanistes nous apprennent que le melon (Cucumis melo) est une cucurbitacée très proche du cornichon (Cucumis sativus), dont les grands fruits sont les concombres. Le fruit est donc une péponide, c'est-à-dire une baie à plusieurs carpelles, dont le péricarpe comprend vers l'extérieur une partie dure, l'écorce.

Les cantaloups, acclimatés et devenus par hybridation les cantalous dans le comtat venaissin qui appartenait aux papes, sont aujourd'hui cultivés dans la région de Cavaillon. Leur écorce est épaisse, couverte de verrues, avec des côtes très saillantes; leur chair est épaisse, d'un beau rouge orangé, fine, fondante et sucrée.

Les melons brodés, à écorce sans côtes ou presque, moins épaisse, lisse, ou couverte d'un réseau grisâtre qui rappelle en effet une broderie, ont une chair plus grossière, parfois filandreuse, souvent aqueuse et peu parfumée.

On en distingue les sucrins, à écorce grisâtre et mouchetée de vert foncé, à la chair blanche ou rosée, fine et parfumée. Enfin, mais beaucoup plus rares, les melons d'hiver, ou sans odeur, à la peau épaisse et lisse, ont une chair sucrée d'une saveur agréable. On peut les conserver jusqu'en janvier dans les fruitiers.

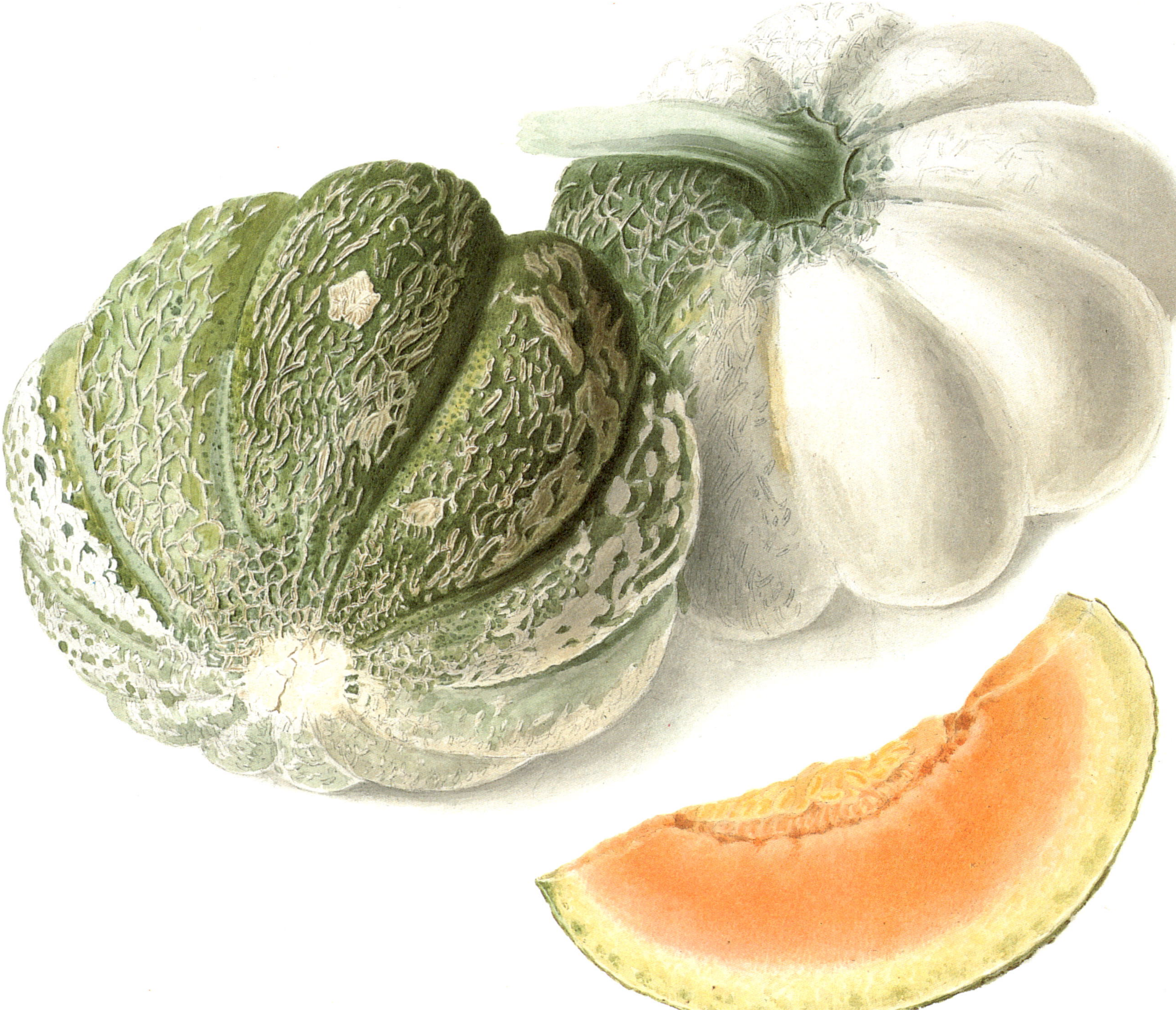

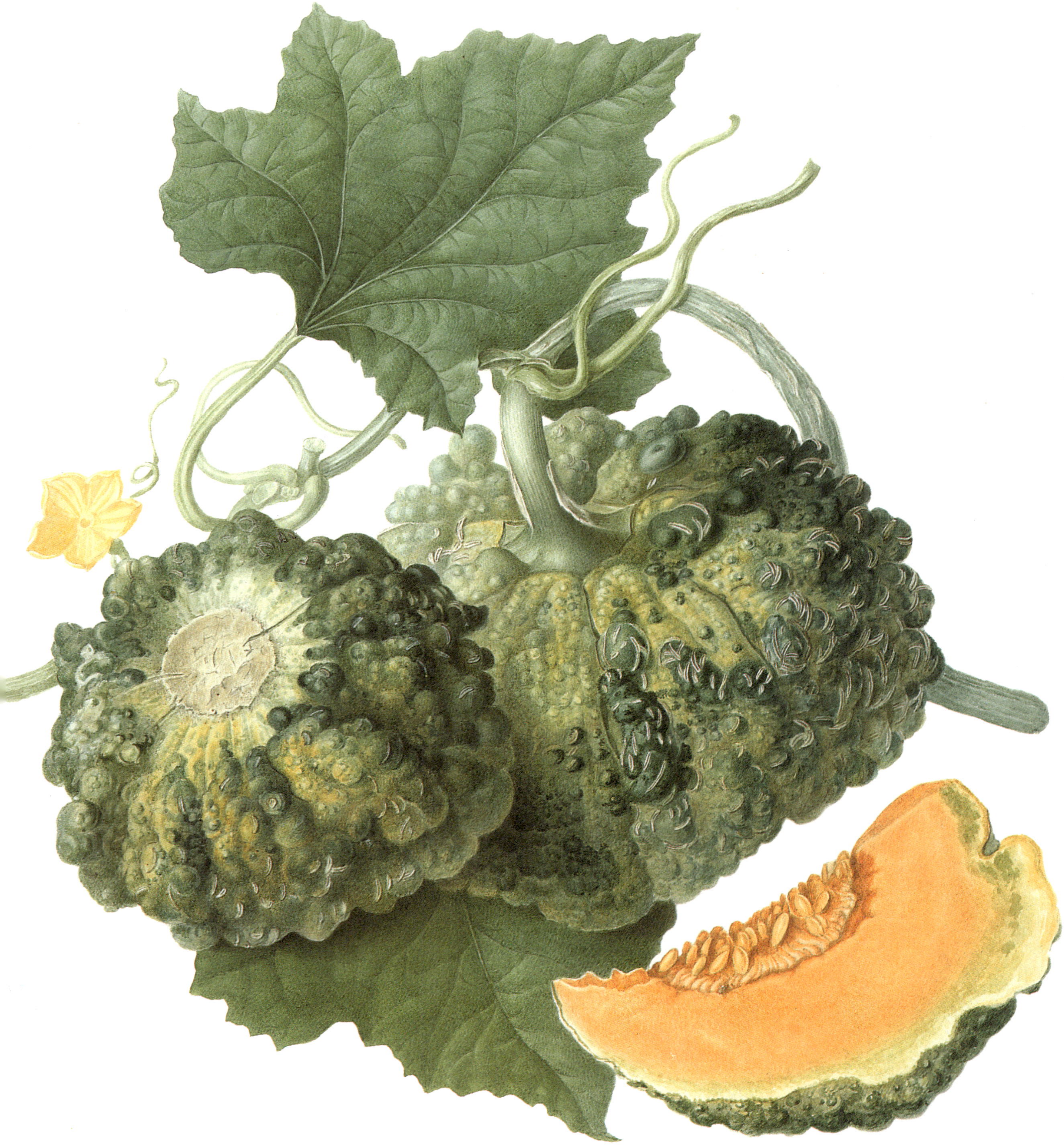

La Pastèque

Un énorme melon vert foncé ou marbré, qui, dans sa forme oblongue peut dépasser cinquante centimètres sur trente. Une fois fendu, il fait étalage d'une chair superlative, d'un rose soutenu que soulignent des pépins noir violacé. Elle met l'eau à la bouche, mais, quand on y mord, cette pulpe paraît inconsistante, presque insipide et si aqueuse que son jus dégouline de part et d'autre de la bouche. Elle a cependant un arôme que met en valeur sa confiture.

Le si bien nommé «melon d'eau» est africain, né dans un pays torride, probablement l'Afrique du Sud. Il est donc fait pour rafraîchir, pour désaltérer l'assoiffé, car, même si le fruit est exposé au soleil brûlant, sa pulpe reste fraîche comme l'eau d'un alcarazas, et sans doute pour la même raison, l'évaporation contrôlée engendre-t-elle une réfrigération.

Comme le melon, la pastèque est une cucurbitacée (Cyrullus vulgaris) aux tiges rampantes munies de vrilles, mais elle appartient à un autre genre, celui de la Coloquinte (Cyrullus colocynthis).

Le Kaki

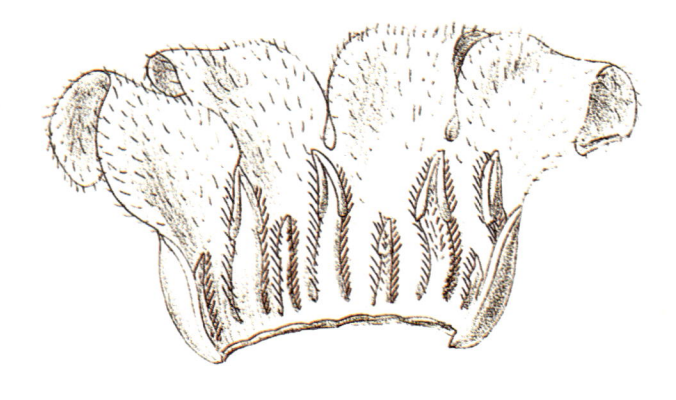

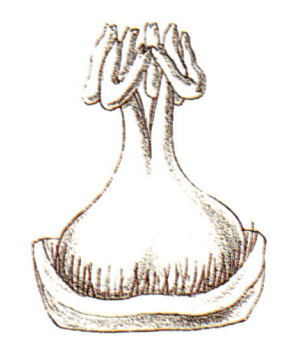

Au Japon, on appelle kakino le fruit d'un plaqueminier (Diospyros kaki), proche parent de l'ébénier d'Inde, célèbre pour son bois noir. C'est un petit arbre qui peut monter jusqu'à dix mètres en Chine et au Japon, d'où il est originaire, mais ne dépasse pas trois à cinq mètres chez nous, avec une cime étalée, des feuilles caduques, épaisses, ovales, vert foncé et brillantes dessus, duveteuses dessous. Les fleurs jaunâtres ne se montrent qu'en mai-juin, peu après les feuilles très tardives. Le fruit est une grosse baie, rouge orangée, lisse comme une tomate, protégée par le calice persistant. Quand ils parviennent à maturité, tard dans l'automne, les kakis prennent de belles teintes cuivrées qui donnent à l'arbre, alors dépouillé de ses feuilles, un aspect spectaculaire.

La pulpe, mucilagineuse et astringente, ne devient molle et sucrée que lorsque le fruit est presque blet; il est alors délicieux.

Diospyros kaki n'est vraiment prospère que dans le Midi; cependant, on le cultive parfois dans les jardins de la région parisienne, où, en bonne exposition et à l'abri d'un mur, il peut mûrir ses fruits, mais seulement dans les années où l'automne est assez ensoleillé.

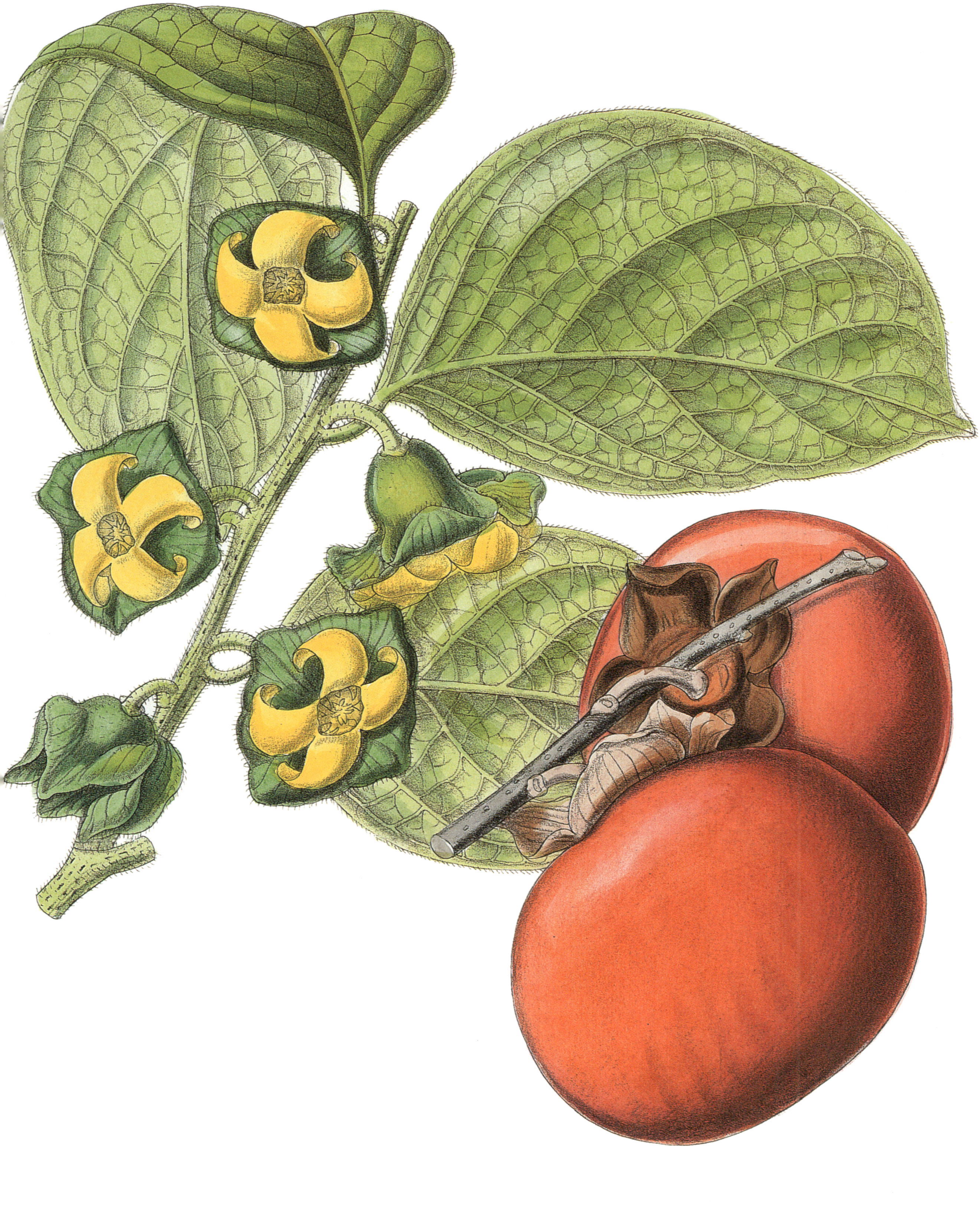

Le Citron

Il nous semble aujourd'hui si nécessaire qu'on a cru longtemps que Grecs et Romains s'en servaient déjà. Or rien n'atteste la présence du citronnier en Europe avant le XIIe siècle. En 1160 seulement, sa culture est mentionnée en Sicile et en Toscane. En français, le mot citron n'apparaît qu'en 1393. Les plantations de citronniers sur le littoral méditerranéen, entre Menton et Hyères sont de création relativement récente.

Originaire vraisemblablement des riantes vallées du Cachemire, au pied des Himalayas, le citronnier aurait été cultivé par les industrieux Chinois quelque deux mille ans avant notre ère. Les Arabes l'auraient acclimaté dès le IVe siècle au Yémen, et, avec l'expansion de l'Islam, l'apportèrent en Palestine et en Egypte, puis, au Xe siècle, en Afrique du Nord, en Espagne et en Sicile. On se servit d'abord du citron comme remède, il semble qu'on lui ait longtemps préféré la lime plus douce et le cédrat à l'arôme intense.

Petit arbre vigoureux qui, en culture, ne dépasse pas trois à six mètres de haut, le citronnier (Citrus limon) a un tronc lisse, gris foncé et une ramure irrégulière, aux branches épineuses portant des feuilles ovales, pointues et crénelées. Les fleurs, blanches intérieurement, teintées de pourpre au-dehors, s'épanouissent en toute saison. Les citrons, ovoïdes, terminés par un mamelon pointu ont une écorce ferme, assez épaisse, renfermant une essence à odeur vive et très agréable. La pulpe, jaune verdâtre, au jus abondant, très acidulé, mais sans amertume, contient des graines blanchâtres.

L'Orange douce

A n'en boire que le jus, ne nous privons-nous pas d'un plaisir, celui de la peler, faisant gicler de son épiderme d'innombrables et minuscules sources de parfum, celui aussi de la regarder enfin pour ce qu'elle est, une étrange et ravissante œuvre d'art. L'orange est devenue banale pour nous; elle était pourtant rare, il n'y a pas si longtemps. Dans la première moitié de ce siècle, on l'offrait encore pour Noël aux enfants qui s'émerveillaient de voir paraître en plein milieu de l'hiver ce fruit solaire, qui aurait bien pu être la pomme d'or du jardin des Hespérides.

C' est là ce que crurent ceux qui, en Occident, virent pour la première fois les oranges qu'apportaient de la Chine fabuleuse les caravelles de navigateurs portugais du XVe siècle. Longtemps, le Portugal conserva le monopole de ce commerce exotique. Au XVIe siècle, les marins portugais venaient vendre des oranges dans les ports de la Normandie, et jusqu'à Anvers, en telle quantité que parfois ils devaient les solder. En Italie, on appelait l'orange douce «portugallo» et l'huile essentielle extraite de son zeste, utilisée en pharmacie, en confiserie et pour la fabrication de liqueur, se nomme toujours «essence de Portugal».

L' oranger de Chine (Citrus sinensis) ne forme qu'un arbuste de trois à cinq mètres de haut, à la cime conique, sphérique quand il est taillé, et au port compact et régulier. Les feuilles coriaces sont ovales et d'un vert brillant, les fleurs blanches et très parfumées, le fruit, jaune orangé, se colore parfois de rouge.

L a culture de l'oranger n'a cessé de s'étendre avec la popularité croissante de ses fruits, en Italie et surtout en Espagne (Valence) et en Afrique du Nord, ainsi qu'aux Etats-Unis, en Floride. Les «sanguines», d'origine maltaise, proviennent le plus souvent d'Algérie.

La Bigarade
ou Orange amère

Alors que l'orange douce est devenue un fruit que l'on consomme d'un bout de l'année à l'autre, on ne mange jamais l'orange amère, au jus aigre et extrêmement amer, mais on en confectionne des confitures, excellentes en raison de cette amertume enrobée dans le sucre, la fameuse marmelade, fabriquée d'abord à Dundee, en Ecosse. Des très petites bigarades, cueillies vertes, on faisait naguère des fruits confits, les «Chinois» détrônés aujourd'hui par les kumquats. De la bigarade, on a utilisé aussi, et depuis des siècles, le zeste, les fleurs et les feuilles; ces dernières sont employées en infusions digestives et antispasmodiques.

Le zeste fournit son arôme aux bitters («amer», en allemand), liqueurs composites allemandes ou hollandaises. Le célèbre Curaçao fut inventé par les Hollandais au début du XVIIIe siècle, par macération dans l'alcool des écorces d'oranges récoltées dans leur colonie des Antilles. L'huile essentielle de bigarade, déjà mentionnée au XVIe siècle par Gianbattista della Porta dans sa Magie naturelle, devint célèbre en France vers 1680, sous le nom de «neroli», quand la mit à la mode Anne-Marie de la Trémoille qui avait épousé Flavio Orsini, prince de Nerola. C'est encore de la distillation des fleurs du bigaradier que l'on obtient la très angélique eau de fleurs d'oranger, employée en pâtisserie.

Cultivé en Sicile, où les Arabes l'avaient apporté dès la fin du Xe siècle le bigaradier ne se répandit que beaucoup plus tard en Ligurie. Au XVIe siècle, les orangeraies de la région de Nice étaient prospères. Le bigaradier (Citrus aurantium) est beaucoup plus élevé que l'oranger, jusqu'à quinze mètres. Il s'en distingue par ses feuilles plus foncées, plus odorantes, portant à l'aisselle de longues épines, par ses fleurs très parfumées, enfin par l'écorce plus rugueuse et plus colorée de ses fruits à la saveur amère et acide.

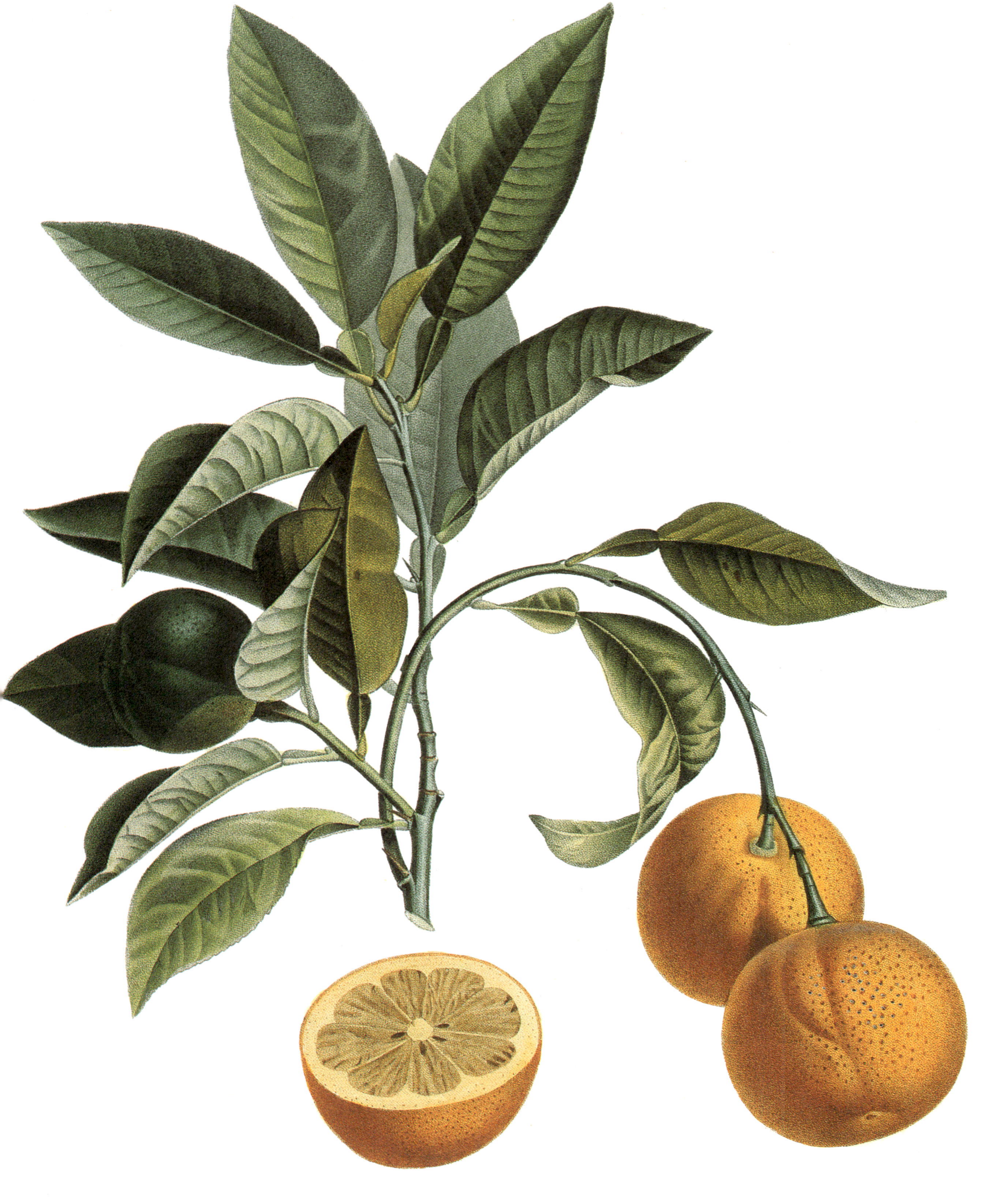

Le Pamplemousse

Fruits exotiques et tropicaux

Nous n'avons jamais mangé de pamplemousse, les fruits que nous appelons ainsi sont des pomelos à la saveur acide-amère, parfois légèrement musquée, exquise pour peu qu'on lui ajoute le peu de sucre qui lui manque.

Mais qu'est le pomelo ? Pour les uns, un hybride entre le pamplemoussier et l'oranger, mais pour d'autres, une espèce horticole distincte, Citrus paradisi, dont le nom est peut-être un comparatif laudatif par rapport au pamplemoussier.

On ne connaît pas bien l'origine de ce dernier, tant il a été répandu par la culture. On la situe d'ordinaire dans les îles du Pacifique, l'espèce est très connue aux îles Fidji. Les Hollandais qui l'y découvrirent lui donnèrent son nom, de pompel, «gros» et limoes, «citron». On pense que le pamplemoussier fut introduit en Floride par les Espagnols au XVIe siècle. C'est un petit arbre, souvent épineux, irrégulièrement ramifié, avec une cime arrondie. Les feuilles ovales et de grande taille, sont vert foncé et possèdent un pétiole ailé. Les fleurs, grandes et blanches, dégagent une odeur vive. Les fruits jaune pâle et globuleux, très gros (vingt centimètres de diamètre), ont une écorce très épaisse, spongieuse vers le dedans; la pulpe est réduite, évidée au centre, de saveur acidulée et sucrée, peu ou pas amère. Le pomelo en diffère assez peu, sinon par ses fruits bien pleins et très juteux, qui se présentent en grappes (d'où leur nom anglais de grape-fruit), et ont peu ou pas de pépins. La couleur de la pulpe varie du jaune ambré au rose et même au rouge.

On sait l'énorme succès que connaît aux Etats-Unis le grapefruit, où il n'est cultivé que depuis environ 1920, mais qui produisent la moitié des fruits consommés dans le monde et exportent partout le jus de son fruit. Un important concurrent est maintenant Israël. En France, le pomelo n'est devenu populaire qu'après la Seconde Guerre mondiale.

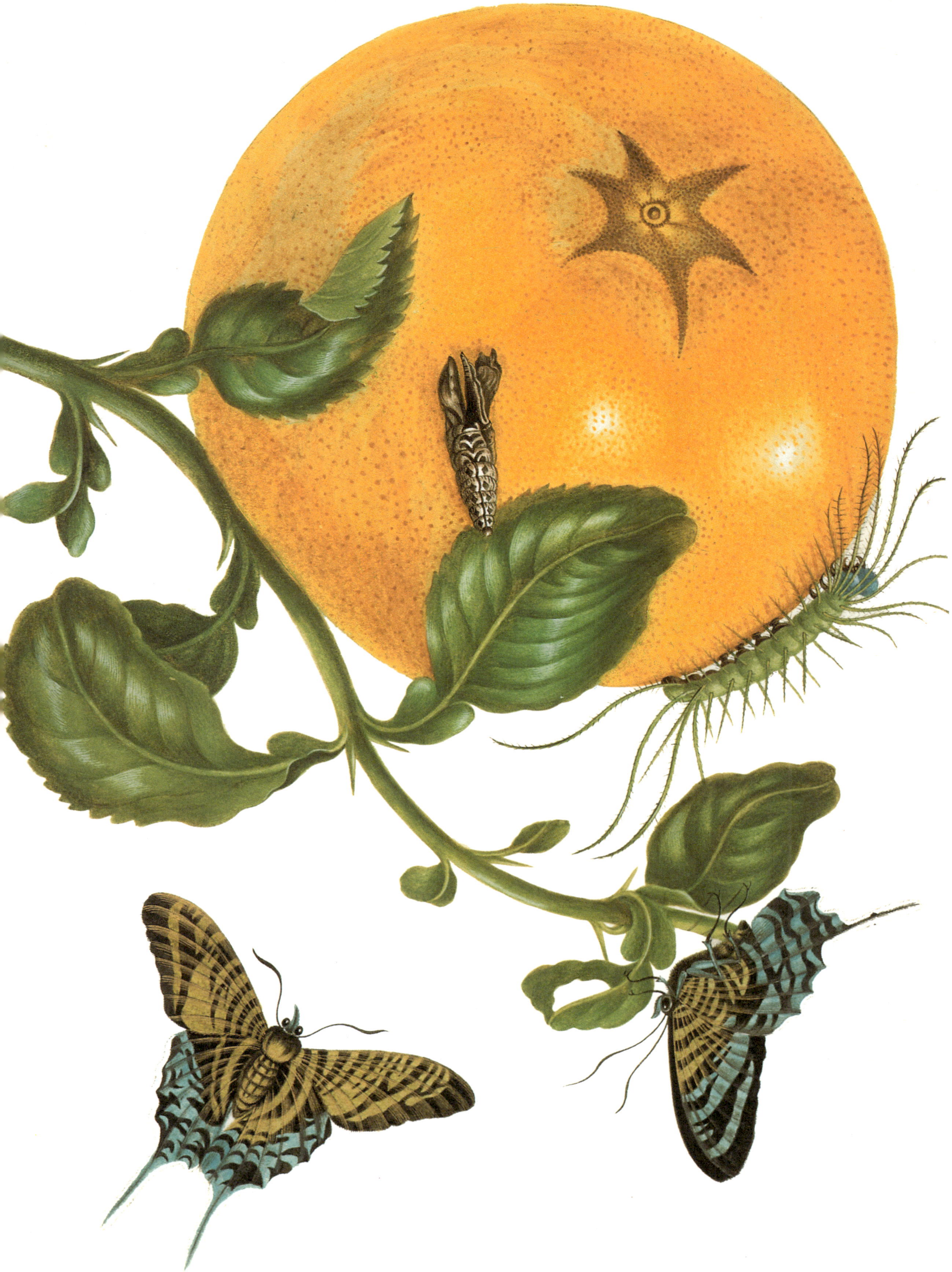

Le Cédrat

*C'*est le premier agrume qui ait paru sur les bords de la Méditerranée. Au IVe siècle avant notre ère, Théophraste précisait que les Grecs l'appelaient kedromelon et l'avaient reçu de Perse, mais il ne semble pas qu'ils l'aient cultivé. Les Romains le nommèrent «pomme de Médie». Au Ier siècle de notre ère, Pline écrit que ses compatriotes ne le mangeaient pas car, si son parfum était pénétrant, sa saveur était âpre.

*O*riginaire de l'Inde, le cédratier était cultivé depuis longtemps en Mésopotamie et en Médie, son fruit étant très utilisé en médecine. Les Hébreux qui le découvrirent lors de leur captivité à Babylone, en firent un fruit sacré que l'on présentait en offrande au Temple le jour de la Fête des Tabernacles. Le peu d'usage qu'en faisaient les Romains explique qu'ensuite on perde sa trace; on la retrouve cependant au IVe siècle chez l'agronome latin Palladius qui décrit sa culture en Sardaigne et dans la région de Naples.

*C*e relatif anonymat du cédrat a entraîné une grave confusion. On a pris le cédrat pour le citron qui n'apparut en Occident que beaucoup plus tard. En fait, le cédrat n'y a jamais connu la gloire qui accueillit les autres agrumes et son rôle est demeuré bien modeste : on ne le mange toujours pas, mais sa peau charnue est très appréciée une fois confite et on fait des confitures du fruit entier. Le cédratier n'est guère cultivé qu'en Italie et en Corse, où l'on fabrique une liqueur renommée à partir du zeste.

*L*e cédratier (Citrus medica) est un arbuste de trois à quatre mètres de haut avec un port très ouvert et des branches souvent retombantes, parfois épineuses. Ses feuilles sont ovales, ses fleurs, de grande taille et parfumées, sont pourpres chez le cédrat acide, blanches chez le cédrat doux. Le fruit qui ressemble à un énorme citron bosselé à écorce très épaisse, peut peser jusqu'à quatre kilogrammes. Sa pulpe est peu abondante, moins acide que celle du citron.

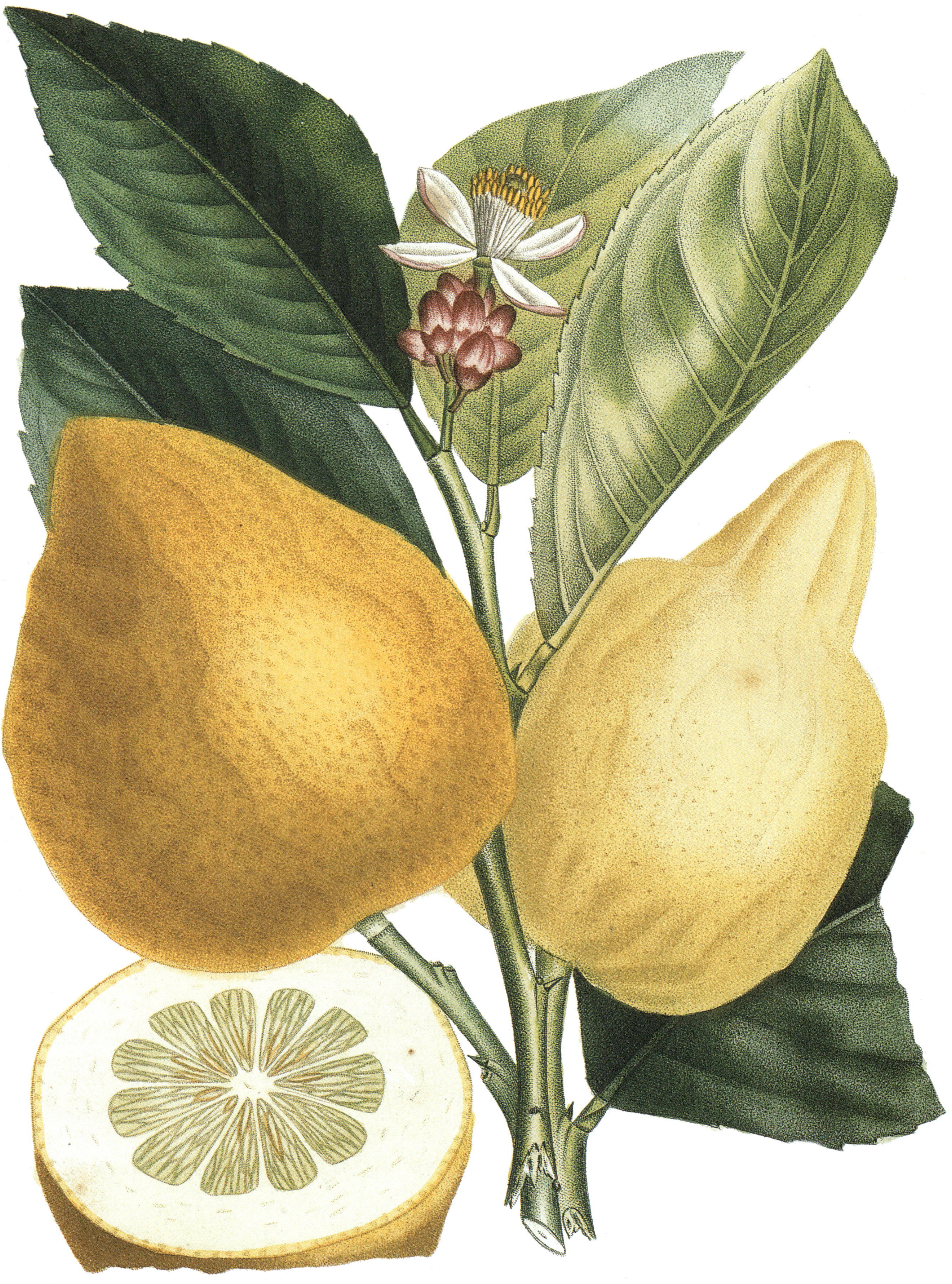

La Lime

Bien qu'on l'appelle citron vert, il est mûr et ce n'est pas un citron, mais une lime ou limon. Pour accroître la confusion, les Anglais qui l'appellent sweet lime, dénomment le citron lemon ou lime et le cédrat citron.

La lime, ou le limon, ressemble à un petit citron à l'écorce extrêmement fine et toujours verte, dégageant un parfum musqué caractéristique, sa chair verte est acide et très juteuse. D'origine indienne, le limonier a été répandu en méditerranée par les Arabes, le mot limon vient de l'arabo-persan limum. Ce fruit vert fut longtemps préféré au citron.

Citrus aurantifolia (à feuilles d'oranger) est un arbuste de quatre à cinq mètres de haut, d'abord érigé, puis de forme un peu arrondie, aux rameaux extrêmement épineux. Les fleurs, de petite taille, pourpre clair, sont peu parfumées. L'espèce, très sensible au froid, n'est guère cultivée sur les rives de la Méditerranée, mais très répandue en Afrique, en Amérique tropicale, en particulier aux Antilles et dans l'Océan indien, régions où le limier remplace le citronnier.

La lime a à peu près les mêmes usages que le citron : en particulier, elle aromatise agréablement le poisson. Aux Antilles, la lime est indispensable à la préparation du punch créole; on en fait aussi un cordial et une confiture.

Le mot limon nous est surtout connu par la limonade, qui, originaire d'Orient, s'est répandue en Italie au XIIIe siècle, mais n'est connue en France que depuis le XVIIe siècle. Vers 1680, le lexicographe Ménage écrivait : «De là, nous avons fait limonadier pour signifier vendeur de limonade, qui est un mot nouveau dans notre langue, les limonadiers n'ayant été établis à Paris que sous le ministère de Mazarin.» Mais les limonades commercialisées aujourd'hui ne méritent plus leur nom.

La Bergamote

Nous ne consommons pas la chair de la bergamote, sorte de petite orange à l'écorce jaune clair, mince et présentant une grande quantité de glandes à essence, au parfum d'une rare suavité, car sa pulpe verte est d'une acidité qui la rend incomestible.

Le bergamotier ne dépasse pas trois mètres de haut, avec des branches retombantes. Ses feuilles ovales sont un peu charnues, ses fleurs, épanouies en avril-mai, sont très odorantes, les bergamotes viennent à maturité entre décembre et février. Ceci dit, on ne connaît ni l'identité de l'espèce ni sa provenance. On l'a longtemps cru venue de Bergame. On sait aujourd'hui qu'il n'en est rien. Bergamote vient du turc beg-armûdi, «poire du seigneur» et s'est donc appliqué d'abord à une variété de poire (notre bergamote). Ce nom n'a été donné à cette orange qu'à la fin du XVIIe siècle. Les botanistes se sont résignés à lui donner le nom imprécis de Citrus aurantium, var. Bergama, supposant qu'il s'agissait d'un hybride naturel issu du bigaradier, mais rien n'est sûr.

La bergamote ne sortit de l'obscurité que lorsqu'un distillateur italien émigré à Cologne, Paolo Feminis eut élaboré en 1676 une eau de senteur qu'il baptisa acqua de regina ou aqua admirabilis. Son neveu et successeur, Gian Maria Farina (1686-1766) lui donna tout simplement en 1745 le nom d'«eau de Cologne», sous laquelle elle fit le tour du monde, et avec elle, la bergamote. Ce sont encore des Italiens, venus de Bari (où l'on vénère le corps de saint Nicholas) rendre hommage à une relique du saint qui faisait de nombreux miracles à Saint-Nicholas-de-Port, près de Nancy, qui firent connaître l'essence de bergamote aux Nancéens. Ceux-ci en aromatisèrent les friandises bien connues depuis, sous le nom de «bergamotes de Nancy».

La Mandarine

Au XVIe siècle les Espagnols l'appelèrent naranja mandarina, «orange des mandarins», ce que souligne encore aujourd'hui l'appellation botanique de l'espèce, citrus nobilis, l'orange noble. Originaire de Chine et du sud de la péninsule indochinoise où il est depuis très longtemps cultivé, le mandarinier ne fit son apparition sur les rives de la Méditerranée qu'en l'an 1828, et à titre de curiosité; on sait qu'il y a fait depuis carrière.

Citrus nobilis ne dépasse pas quatre mètres de haut, avec un port buissonnant, des feuilles d'un vert foncé brillant, ovales-lancéolées. Ses fleurs, petites et blanches, sont très parfumées. Au sujet du fruit que tout le monde connaît, rappelons seulement que l'écorce de la mandarine n'adhère pas à la baie, ce qui permet de la peler très facilement et a contribué à son succès.

Des mandarines «vraies», appelées «tangerines», surtout aux Etats-Unis, et qui sont produites en Afrique du nord - les meilleures proviennent d'Algérie -, il convient de distinguer les mandarines satsuma que le Japon produit en quantités énormes. Très précoces, sans pépins, elles auraient toutes les qualités, si elles n'étaient insipides.

Le goût, en revanche, n'est pas ce qui manque à la clémentine, rouge orangé, presque sans pépins. Le clémentinier serait un hybride du mandarinier, obtenu au début de ce siècle par un certain frère Clément dans le jardin d'un orphelinat de la région d'Oran. Mais certains auteurs soutiennent qu'il s'agirait en fait d'une madarine «vraie». En tout cas, la réussite de ce fruit très parfumé et précoce fut telle que la culture du clémentinier devint intensive en Afrique du Nord, surtout au Maroc.

Quant au tangelo, c'est un hybride reconnu de la mandarine (tangerine) et du pomelo, d'où son nom, obtenu aux Etats-Unis à partir de 1897, et qui a donné naissance à de nombreuses formes. Les fruits ont l'aspect d'une grosse mandarine très juteuse, dont la saveur est peu acide et moins amère que celle du pomelo.

La Datte

*E*lle n'est pour nous qu'une friandise, mais, pour le Saharien, sans elle, la vie serait impossible. La datte est le fruit du désert, elle mûrit à sa limite, dans les oasis, car le dattier a besoin de beaucoup d'eau. La culture du palmier-dattier est à l'origine des premières civilisations dont nous sommes les lointains héritiers; elle a commencé en Mésopotamie, il y a au moins six mille ans et a rendu nécessaires les vastes travaux d'irrigation qui rendirent si fertile le pays d'entre Tigre et Euphrate. Les Sumériens prélevaient déjà les grappes de fleurs des pieds mâles pour les suspendre au-dessus des inflorescences des pieds femelles, car, chez le dattier, les sexes sont séparés.

*P*our le botaniste, le palmier-dattier est un phœnix, comme le nommait déjà révérencieusement le grec Théophraste au IVe siècle av. J.C. (le «prince des végétaux»), comme l'appelait Linné qui, pour déterminer l'espèce adjoignit à ce nom l'épithète dactylifera, «porteur de doigts»; le latin dactylus a engendré datte en français. Phœnix dactylifera a un fût droit, marqué des vestiges coriaces des palmes tombées, dressant à quinze ou vingt mètres l'immense panache de ses longues palmes glauques qui retombent. Les inflorescences se trouvent d'abord enfermées dans une grande bractée, la spathe, qui s'ouvre d'elle-même, laissant paraître les grappes de fleurs au bout d'un pédoncule ramifié, le spadice, qui peut mesurer deux mètres de long. Les dattes, groupées en lourds régimes, sont des baies. Le noyau, très dur, est en réalité la graine elle-même, riche en huile et en sucre. Amolli ou broyé, il nourrit les dromadaires et le bétail. La plus savoureuse des dattes est peut-être la deglet-nour des oasis du Sahara algérien, ou datte-lumière, car sa chair couleur d'ambre est translucide.

*U*ne palmeraie en période de pleine production, qui commence une quinzaine d'années après la plantation et dure jusqu'à ce qu'elle ait quatre-vingts ans, peut donner annuellement de vingt-cinq à cinquante kilogrammes, voire cent kilogrammes et même plus, par pied, mais les arbres fournissent rarement deux grosses productions consécutives.

*I*l y aurait dans le monde quelque cent millions de dattiers cultivés, dont le tiers se trouve en Irak, le plus important producteur, mais aussi le premier exportateur devant l'Afrique du Nord, tandis que l'Iran, l'Arabie et le Pakistan consomment la totalité de leur production. A partir des années 1900, les meilleures variétés de dattiers d'Algérie et d'Egypte ont été introduites en Californie et en Arizona, puis au Brésil et en Australie.

La Grenade

*Q*uand on fend l'enveloppe aux couleurs d'aurore, mais dure et coriace de la grenade, apparaît une pulpe rosée, mucilagineuse et succulente, séparée en logettes cloisonnées contenant chacune des graines agglutinées les unes contre les autres. Aussi est-ce tout un art de manger une grenade. Cette structure s'explique lorsqu'on sait qu'elle est l'ovaire même de la fleur divisé en huit carpelles qui sont disposés dans le fruit en deux étages, cinq en haut et trois en bas, les restes du calice formant une petite couronne à son sommet.

*L*es Romains appelaient la grenade malum punicum, «pomme de Carthage», car ils l'avaient reçue de cette colonie phénicienne; ils la nommaient aussi malum granatum, en raison du grand nombre de ses graines. Ces deux appellations ont été conservées dans le nom botanique de l'espèce, Punica granatum. Les Phéniciens avaient apporté en Afrique du Nord le grenadier qu'ils cultivaient sur la côte syrienne, mais la plante venait des bords de la Caspienne et du sud du Caucase, où elle pousse spontanément en terrain sec et rocailleux.

*L*e grenadier est un arbrisseau buissonnant, parfois un petit arbuste, aux feuilles oblongues et vernissées. Ses fleurs, d'un rouge sang, qui s'épanouissent de juin à septembre, sont d'une éclatante beauté, même en boutons qui sont déjà rouges; les cinq à sept pétales de la corolle sortent d'un long calice tubulaire, rouge lui aussi. L'espèce s'est répandue sur tout le pourtour de la Méditerranée. Les Arabes en faisaient au IXe siècle une culture intensive à Grenade. On cultive aujourd'hui le grenadier jusqu'au sud des Etats-Unis, jusqu'en Argentine et au Chili.

*Q*uant à la fameuse grenadine qui faisait les délices des enfants, ce n'est plus aujourd'hui qu'un insipide produit de synthèse.

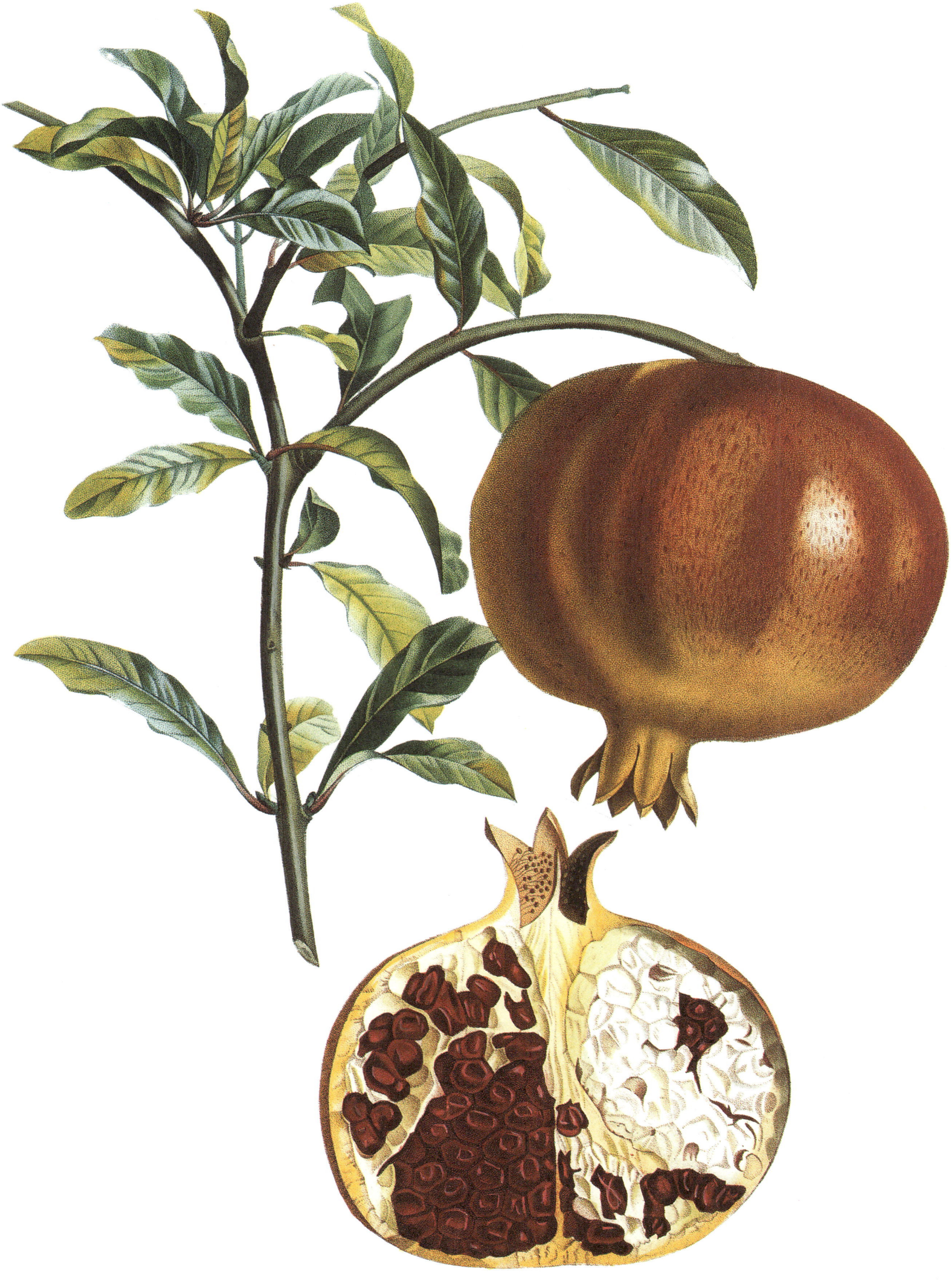

L'Avocat

L'homonymie est, semble-t-il, fortuite ; avocat est la transcription d'ahuacatl, son nom en langue aztèque. C'est une baie, bien qu'il renferme un gros noyau presque sphérique, qui est en fait une graine très dure. Plantée en terre dans un pot, elle donne naissance à un petit avocatier charmant dont il ne faut tout de même pas attendre qu'il donne des fruits en appartement.

Généralement piriforme, l'avocat sous son fin épiderme vert ou violacé, n'est que pulpe, une pulpe onctueuse, crémeuse, très riche en matières grasses, fort délicate au goût, surtout si on l'accommode au citron ou à la vinaigrette, car elle est dense et très juteuse.

Sous les tropiques, l'avocatier (Persea gratissima) est un bel arbre aux feuilles persistantes, pointues, vert foncé brillant et aux grappes de petites fleurs d'un blanc verdâtre, qui peut atteindre une quinzaine de mètres de haut. L'espèce présente une particularité curieuse, qui, longtemps ignorée, fut la cause de bien des échecs, quand on voulut la cultiver hors de son pays d'origine. Comme chez beaucoup de fleurs hermaphrodites, le pistil arrive à maturité avant les étamines. Lorsque les stigmates sont prêts à accueillir le pollen, les anthères des étamines n'en produisent pas encore. La fleur donc se referme. Quand elle s'ouvre à nouveau, le pollen est bien libéré, mais les stigmates ne sont plus réceptifs. Les planteurs, à la longue, se sont aperçu que certains arbres fonctionnaient comme femelles le matin et comme mâles l'après-midi et que chez d'autres, c'était l'inverse. Il suffisait donc de planter conjointement des pieds des deux groupes, laissant le soin aux hyménoptères de transporter le pollen d'un arbre à l'autre.

Spontané dans toute la Cordillère des Andes, jusqu'au Chili, l'avocatier fut remarqué, dès la conquête, par les Espagnols qui l'introduisirent aux Antilles. Sa culture est ancienne aux Etats-Unis, récente en Israël, d'où nous parvient la variété dite «carmel» à peau violacée.

Le Kiwi

*C*e nom désignait déjà un oiseau singulier de la Nouvelle-Zélande, devenu son emblème, le kiwi, incapable de voler et dont les plumes ressemblent à de longs poils, quand il fut attribué par un grossiste de San Francisco à ces fruits étonnants qu'il venait de recevoir de Nouvelle-Zélande.

*L*e kiwi est une grosse baie charnue, ovale et de la taille d'un œuf, couverte d'une pilosité brun doré. La pulpe d'un vert foncé intense, relevé par de minuscules pépins noirs disposés en couronne au centre, a une saveur sucrée, mais acidulée, qu'on a pu comparer à celle de la groseille à maquereau. On consomme le kiwi tel quel ou en salades parfumées au kirsch ou au marasquin; on en fait aussi des marmelades et des confitures.

*L*e kiwi est le fruit de l'actinidia de Chine (Actinidia chinensis), arbuste très ornemental et grimpant, dont les vigoureux rameaux volubiles qui croissent de trois mètres par an et en atteignent dix, peuvent couvrir un mur ou une pergola. En leur jeunesse, les rameaux portent des poils rouges et hirsutes dont la couleur contraste avec le vert foncé des feuilles arrondies et gaufrées. En juin, apparaissent les fleurs d'un blanc crème qui vire ensuite au jaune roussâtre. Très parfumées, elles attirent les abeilles.

*U*ne espèce voisine, Actinidia kolomitka est très appréciée des jardiniers pour son feuillage qui se pare de blanc et de rose tendre au printemps. En Russie, on la cultive surtout pour ses fruits.

*L*es Actinidias étant des plantes chez qui les sexes sont séparés, il faut, si l'on veut obtenir des fruits, planter à proximité pieds femelles et pieds mâles.

L'Ananas

Avec ses longues feuilles charnues et rigides, à bords épineux, disposés en rosette, Ananas sativus ressemble à un agave. Du centre, la troisième année, sort une hampe épaisse portant un épi serré de fleurs bleuâtres à base écailleuse; chacune de ces fleurs donne naissance à une petite baie. Ces fruits se soudent entre eux et aussi avec les bractées florales et même avec l'axe de l'inflorescence, qui sont aussi charnus et sucrés; cet ensemble forme un syncarpe : l'ananas, en forme de pomme de pin (les Anglais l'appellent ainsi : pine-apple) ou d'artichaut.

La plante était cultivée par les Indiens du Haut-Amazone et du Haut-Orénoque, qui le nommaient nana-nana, le «parfum des parfums», bien avant l'arrivée des Espagnols et des Portugais. Christophe Colomb l'avait déjà observée aux Antilles en 1494 lors de son second voyage, Fernandez de Oviedo la décrivit en 1525. La culture s'en répandit très vite, dès 1548, à la Martinique, puis en Asie tropicale, en particulier en Malaisie, et bientôt partout, sous les tropiques.

L'obtention d'ananas sous les climats tempérés posait d'autres problèmes. Mais, dès 1730, on le cultivait en serre chez les grands, en Angleterre et en Hollande; certains horticulteurs le mettaient en vente, mais à un prix très élevé. On ne renonça pratiquement à cette culture que lorsque l'ananas parvint jusque sur nos marchés.

C'est en fait l'invention de la fabrication des conserves par Appert en 1809, dont les Anglais et surtout les Américains profitèrent bien avant les Français, qui popularisa l'ananas. Les Américains le conditionnèrent en boîtes de conserve, découpé en tranches, et l'exportèrent. Grâce à une culture intensive, les îles Hawaï en sont aujourd'hui le principal producteur.

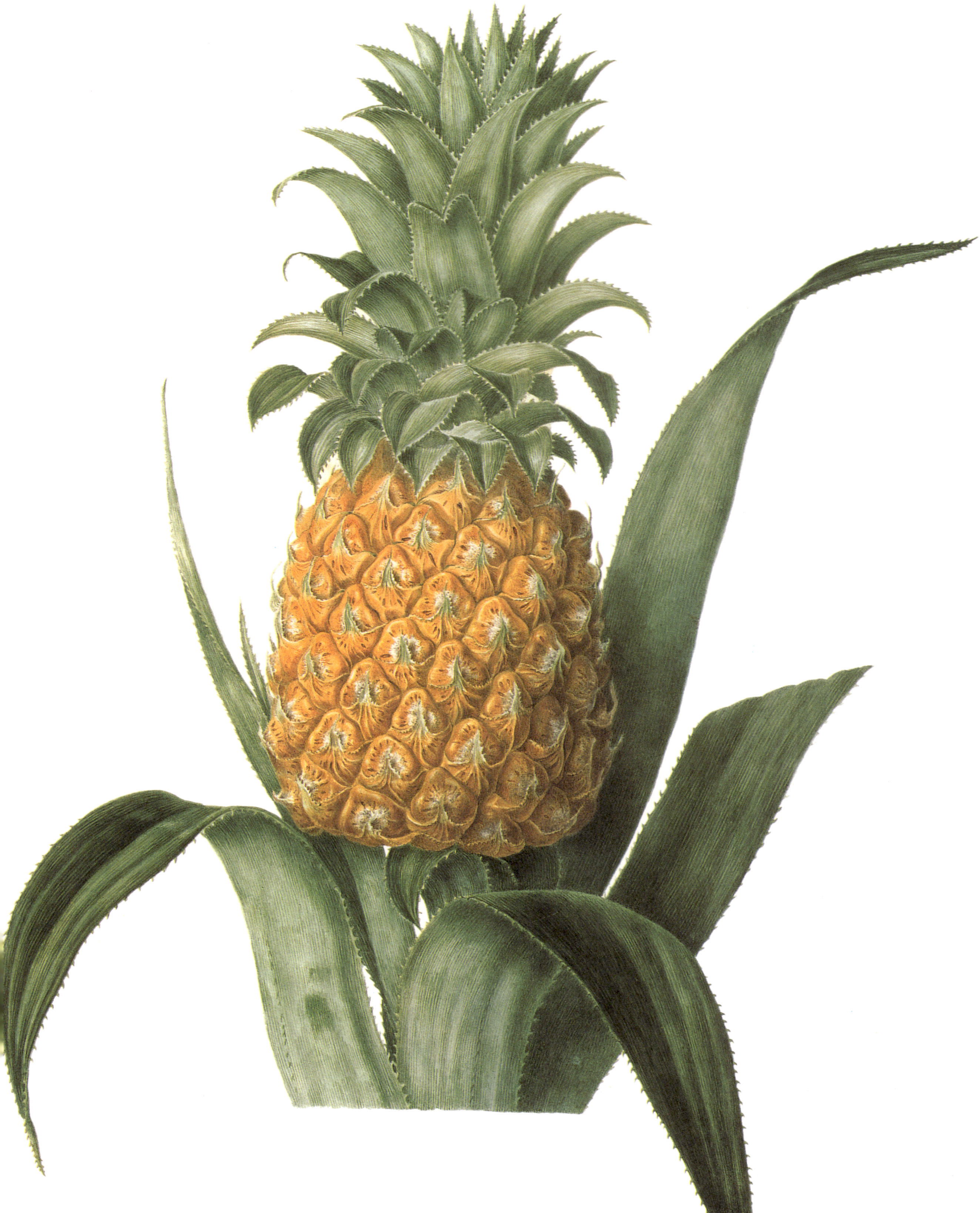

La Banane

Le bananier n'est pas un arbre, mais une plante herbacée, qui, comme les bambous, peut monter jusqu'à dix mètres. Ce fut une des premières espèces mises en culture par l'homme dans l'Asie du Sud-est. On en consomma d'abord les jeunes pousses et le cœur. La vie du bananier est très brève; il meurt, après avoir fructifié à environ dix-huit mois, mais la plante repart de souche, qui est un rhizome, donc, botaniquement, une tige. Ce qui nous apparaît comme la tige du bananier est un stipe, constitué par des feuilles d'abord enroulées en cornet, qui, développées, peuvent atteindre deux à trois mètres de long sur cinquante centimètres de large. Coupées en morceaux, elles fournissent sous les tropiques d'élégantes assiettes jetables.

Du centre de ce stipe, sort le long pédoncule de l'inflorescence qui s'incurve aussitôt vers le bas. En un an environ, l'épi floral atteint toute sa croissance; il peut avoir la taille d'un homme. Il est d'abord protégé par d'amples bractées violettes, qui, se relevant, libèrent les fleurs, femelles à la base, mâles au sommet, hermaphrodites entre les deux. Restées engagées dans les bractées, les fleurs mâles ne jouent pratiquement aucun rôle; le plus souvent, on les coupe, ce qu'il ne faut pas faire trop tôt, car les bananes ne prendraient pas la forme allongée qu'elles doivent avoir. Mais cette ablation n'empêche nullement les ovaires de gonfler, produisant des fruits parthénogénétiques, bien entendu stériles.

Le «régime», composé de «mains» formant deux rangées de bananes, en contient de deux cents à trois cents, et pèse de vingt à vingt-cinq kilogrammes. On le récolte avant maturité, trois mois environ après la floraison.

Le nom botanique du bananier est Musa paradisiaca. Musa, le nom du genre ne célèbre pas l'une des neuf muses, mais le médecin grec de l'empereur Auguste, Antoine Musa, auquel Linné rend ici hommage; quant à l'épithète paradisiaca, elle se passe de commentaire.

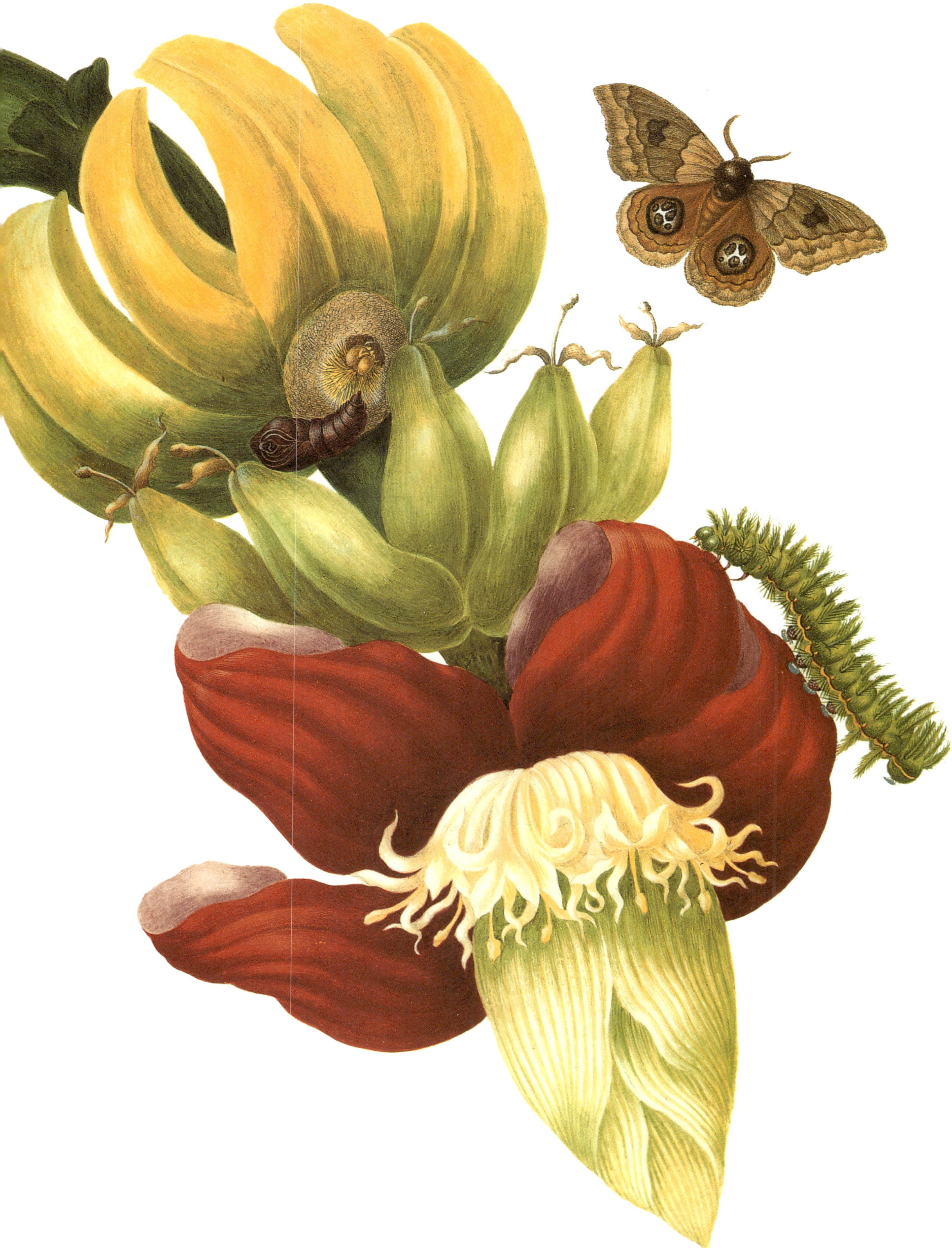

La Sapotille

*L*e sapotillier ou sapotier (Sapota achras) est un bel arbre toujours vert d'environ vingt mètres de haut qu'on rencontre souvent aux Antilles, où l'on remarque de loin ses gros bouquets de feuilles vert clair qui ne poussent qu'à l'extrémité des rameaux. Originaires, pense-t-on, des montagnes du Vénézuela et de la Jamaïque, il a été répandu par la culture dans toute l'Amérique tropicale.

*L*a sapotille, - de l'espagnol zapote, venu de l'aztèque tzapotl - est une grosse baie globuleuse ou ovoïde, à l'écorce rouille, lisse ou rugueuse, qui peut peser jusqu'à cent cinquante grammes. On ne consomme que blette sa pulpe jaunâtre, molle et juteuse, dont la consistance et la saveur ressemblent un peu à celle d'une excellente poire cuite. Elle a sous les tropiques nombre d'amateurs. On en fait des conserves et des sorbets.

*S*i ce fruit est encore fort peu connu chez nous, beaucoup d'adolescents mâchent, sans le savoir, du sapotillier. En effet, du tronc incisé de cet arbre découle un latex blanchâtre et sans âcreté, le «chicle», matériau de base du chewing-gum. Cette production a beaucoup développé la culture du sapotillier aux Antilles et au Mexique, qui exporte le «chicle» en quantités énormes aux Etats-Unis.

La Cacahuète

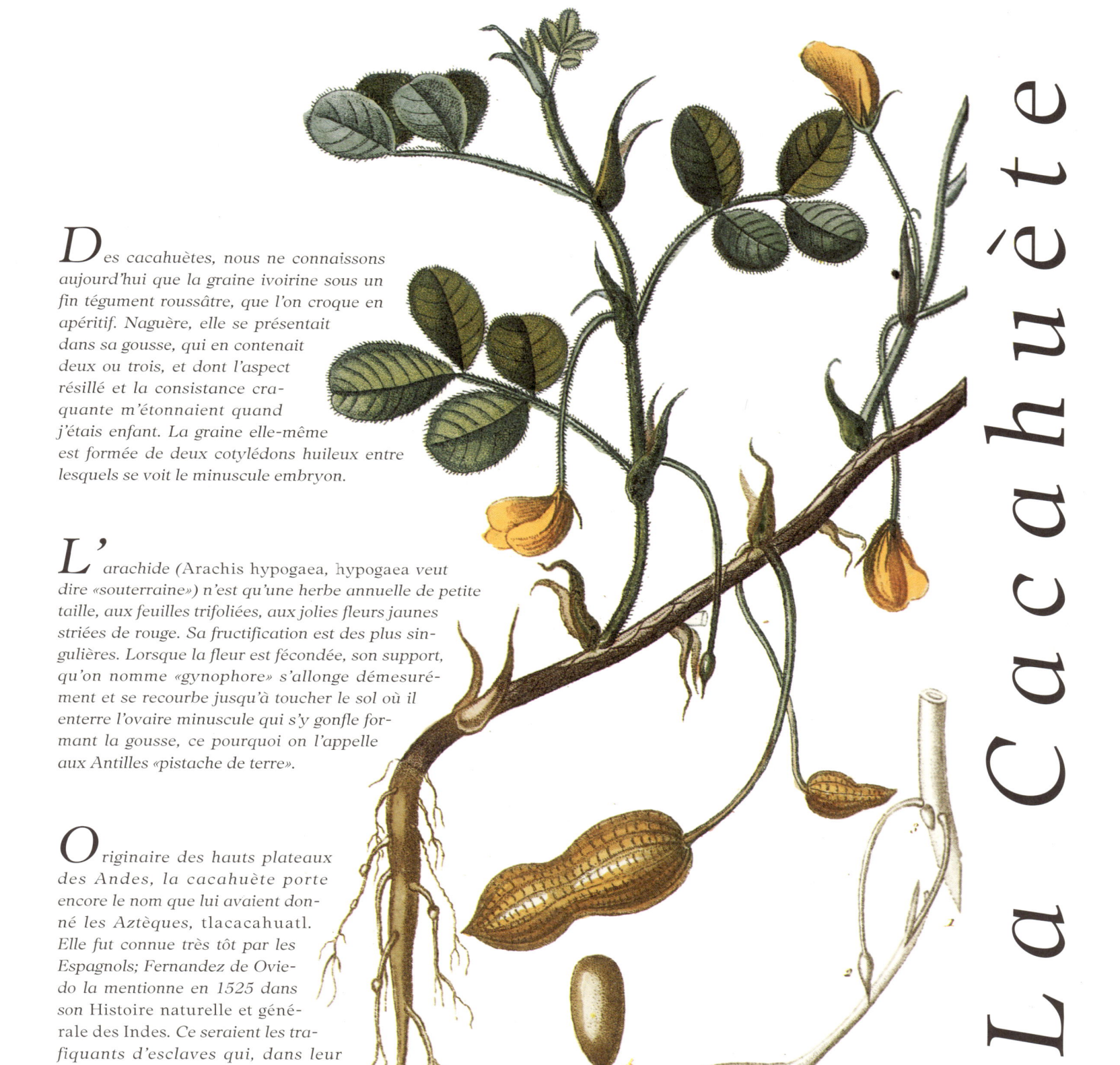

*D*es cacahuètes, nous ne connaissons aujourd'hui que la graine ivoirine sous un fin tégument roussâtre, que l'on croque en apéritif. Naguère, elle se présentait dans sa gousse, qui en contenait deux ou trois, et dont l'aspect résillé et la consistance craquante m'étonnaient quand j'étais enfant. La graine elle-même est formée de deux cotylédons huileux entre lesquels se voit le minuscule embryon.

L'arachide (Arachis hypogaea, hypogaea veut dire «souterraine») n'est qu'une herbe annuelle de petite taille, aux feuilles trifoliées, aux jolies fleurs jaunes striées de rouge. Sa fructification est des plus singulières. Lorsque la fleur est fécondée, son support, qu'on nomme «gynophore» s'allonge démesurément et se recourbe jusqu'à toucher le sol où il enterre l'ovaire minuscule qui s'y gonfle formant la gousse, ce pourquoi on l'appelle aux Antilles «pistache de terre».

*O*riginaire des hauts plateaux des Andes, la cacahuète porte encore le nom que lui avaient donné les Aztèques, tlacacahuatl. Elle fut connue très tôt par les Espagnols; Fernandez de Oviedo la mentionne en 1525 dans son Histoire naturelle et générale des Indes. Ce seraient les trafiquants d'esclaves qui, dans leur voyage de retour, auraient apporté en Afrique l'arachide, devenue par la suite une des principales ressources agricoles de ce continent. Plus tard, la culture de l'arachide s'est étendue en Inde et jusqu'en Chine méridionale. Ces deux pays fournissent aujourd'hui les deux tiers de la production de l'huile la plus consommée dans le monde entier.

Le Kumquat

*O*n dirait une minuscule orange, confite tout entière avec son écorce. Celle-ci, très aromatique, lui confère une saveur composite, douce-amère, qui surprend puis enchante.

*L*e kumquat est le fruit d'une rutacée du genre Fortunella, proche des Citrus, mais qui s'en distingue par le fait que le fruit n'a que trois à six «quartiers» au lieu de huit à quinze. Les Fortunella sont des arbustes de trois à quatre mètres de haut à feuilles vert foncé et coriaces. Leurs fleurs sont blanches et parfumées. Les fruits, ovoïdes ou globulaires, de deux et demi à trois centimètres de long, ont une écorce jaune orangé, pointillée de petites glandes translucides, riches en essence. Ce sont les plus rustiques des agrumes. Ces orangers miniatures, très décoratifs, supportent bien le climat méditerranéen en situation abritée.

*F*ortunella margarita de Chine méridionale donne des fruits ovoïdes, jaunâtres, à chair acide.

*C*hez Fortunella japonica (haut de deux mètres environ), ils sont ronds, jaune orangé, plus petits, mais plus doux.

La Mangue

Rondes ou ovoïdes, légèrement déprimées latéralement, les mangues aux plaisantes couleurs, jaunes ou roussâtres, fréquemment pointillées de lenticelles vertes ou rouges, qui mesurent de cinq à vingt centimètres de long et peuvent peser jusqu'à deux kilogrammes, semblent bien appétissantes, et elles le sont. Sous la peau fine et lisse, mais coriace, la pulpe jaune ou orangé, très juteuse, entoure un gros noyau plat et adhérent. La mangue est en effet une drupe. Son goût pourrait se comparer à celui d'un abricot bien mûr, mais avec une nuance qui lui est propre, un léger arrière-goût de térébenthine assez plaisant, mais qui, dans les fruits à demi-sauvages, devient franchement détestable.

La mangue est par excellence le fruit de l'Inde. Le manguier (Mangifera indica) croît à l'état sauvage dans ses montagnes, mais il est cultivé depuis plus de quatre mille ans. C'est un arbre fort majestueux, au port élancé, qui peut monter jusqu'à trente mètres. Sa cime est très étendue et son feuillage vert sombre et très dense ne laisse pas passer la lumière. Ses feuilles mesurent jusqu'à trente-cinq centimètres de long, sont coriaces et leur dessin lancéolé est si élégant qu'il est souvent reproduit, en Inde dans la décoration, celle en particulier des tissus imprimés, les «indiennes». La floraison du manguier, de septembre à janvier suivant les régions, est très spectaculaire; les inflorescences, généralement terminales, groupent jusqu'à huit ou neuf milliers de fleurs jaunâtres ou rougeâtres, et parfumées. Toutes, loin de là, ne deviennent pas des fruits; il est rare d'en obtenir plus d'une douzaine par inflorescence. La récolte qui a lieu de décembre à juillet dépend des conditions climatiques; elle est d'autant meilleure quand la fructification a coïncidé avec une période de sécheresse.

Dans les premières années du XVIIIe siècle, les Portugais ont introduit le manguier dans leurs possessions du Brésil. De là, il a gagné l'Amérique centrale, les Antilles et la Floride.

Le Litchi

Il nous est devenu presque familier, mais surtout sous la forme de conserves au sirop venues de Chine ou du Japon. Sa pulpe gélatineuse, diaphane et juteuse, à parfum de rose et dont la saveur rappelle un peu celle du raisin muscat a de quoi satisfaire les palais les plus délicats.

*M*ais comment s'imaginerait-on que le litchi se présente sous la forme d'une grosse noix à la coque rugueuse, bosselée de tubercules calleux, qui passe du rose soutenu à un très beau rouge ponceau brunâtre ? Ce que nous consommons n'est que l'arille qui entoure une grosse graine unique, noire ou brun foncé et luisante.

*L*e Litchi chinensis qui a conservé son nom chinois est un bel arbre de Chine méridionale. Il peut atteindre de dix à quinze mètres de haut, mais reste généralement plus petit (cinq à six mètres), avec une cime arrondie très étendue, des branches pendantes au feuillage persistant, dense, d'un vert clair et brillant. Ses fleurs sont insignifiantes, mais sa fructification en grappes d'une vingtaine de fruits ronds ou ovoïde dont les vives couleurs se détachent sur le feuillage, est un charmant spectacle.

*L*a culture du litchi se pratique depuis plus de quatre mille ans en Chine, où ses fruits étaient offerts à l'empereur et aux mandarins. Elle s'est répandue en Indochine, en Thaïlande et en Inde.

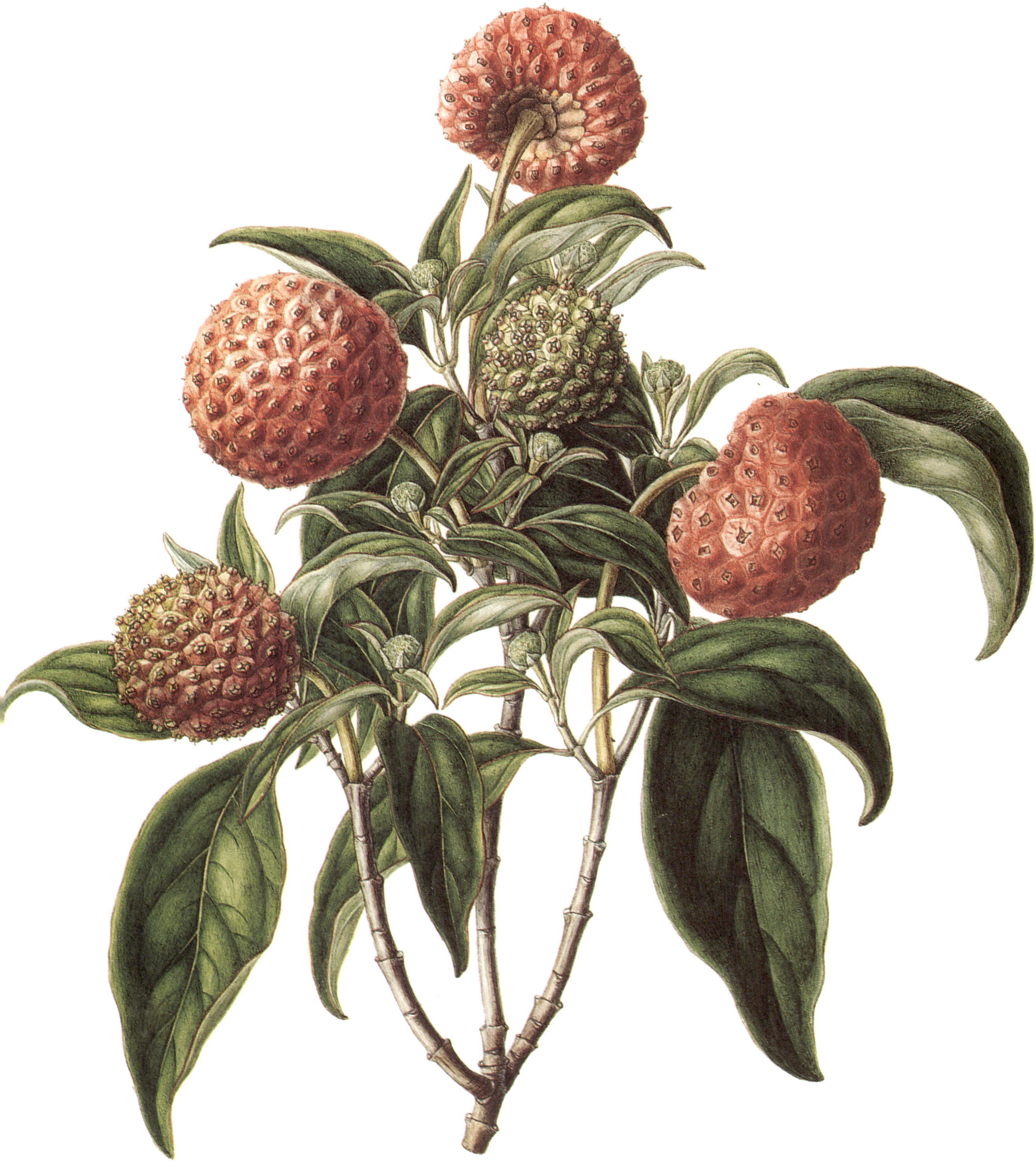

La Noix de Coco

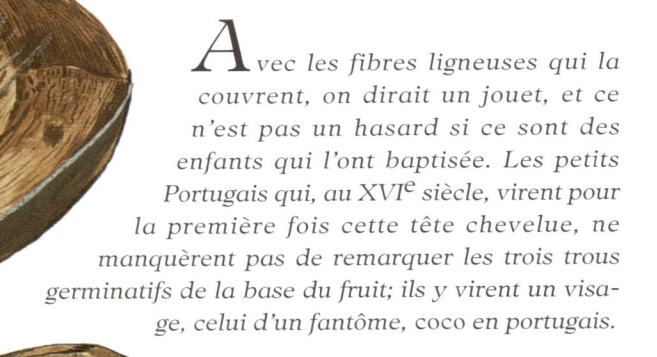

*A*vec les fibres ligneuses qui la couvrent, on dirait un jouet, et ce n'est pas un hasard si ce sont des enfants qui l'ont baptisée. Les petits Portugais qui, au XVIe siècle, virent pour la première fois cette tête chevelue, ne manquèrent pas de remarquer les trois trous germinatifs de la base du fruit; ils y virent un visage, celui d'un fantôme, coco en portugais.

*L*a curiosité devient émerveillement lorsqu'on ouvre cette grosse drupe à l'écorce épaisse et très dure : la chair blanche contient en son centre du lait. En fait, c'est de ce lait que naît la pulpe, l'albumen de la graine, qui ne s'épaissit que sur le pourtour. Le goût si particulier de la noix de coco la fait utiliser en pâtisserie.

*B*ien protégée par sa coque étanche, la noix de coco est pratiquement insubmersible. Comme les cocotiers croissent souvent sur les rivages, il arrive que les fruits en tombant roulent jusqu'à la mer. Ils partent à la dérive jusqu'à ce qu'ils aient rencontré une autre terre, où ils se fixent et germent. Ainsi, le cocotier a-t-il colonisé maintes îles du Pacifique au point qu'on ne sait plus très bien d'où il est originaire, probablement de la région indo-malaise, d'où il aurait émigré vers la Polynésie et jusqu'en Amérique du Sud; il est vrai que l'homme parfois l'y a aidé.

La Noix de Cajou

Ce que nous consommons, préalablement grillée et salée, est la graine oléagineuse d'un fruit à la forme bizarre, celui de l'anacardier. C'est un akène, renfermant donc une graine unique, dans une coque réniforme comme un gros haricot. Celle-ci est accrochée à la base d'un très long pédoncule rouge ou jaune, qui est en fait le réceptacle floral monstrueusement hypertrophié, devenu gros comme le poing. C'est la pomme cajou qui se mange et même se déguste, car sa pulpe, un peu acerbe, légèrement aigrelette, non seulement est rafraîchissante, mais a une odeur et un goût très aromatiques.

Natif d'Amérique tropicale, Anacardium occidentale est un arbre de dix à douze mètres de haut, à la cime arrondie et très étalée, aux grandes feuilles ovales, coriaces et persistantes. Les fleurs, rose vif ou blanc rosé, forment des grappes retombantes à l'extrémité des rameaux. On a beaucoup planté l'anacardier dans les régions chaudes et humides, en Inde, en Afrique et à Madagascar. Le principal producteur de noix de cajou est actuellement le Mozambique.

Le Fruit de la Passion

Les fruits que les spécialistes appellent grenadilles ou barbadines mais que l'on nomme couramment fruits de la passion, n'évoquent en aucune façon la passion du Christ. C'est dans les fleurs de la plante, la passiflore, qu'avec un peu d'imagination, on peut reconnaître les instruments de la Crucifixion : la couronne d'épines dans celle que forment les filaments qui entourent le centre, les clous dans les trois stigmates et les marteaux qui servirent à les enfoncer dans les cinq anthères des étamines. Certains ont cru voir dans le pistil l'éponge imbibée de vinaigre tendu par le centurion à Jésus expirant. En cherchant bien, on découvrait aussi la colonne de la Flagellation dans l'axe central qui porte pistil et étamine, et les fouets dans les vrilles des rameaux.

Voilà ce que montraient jadis aux Indiens d'Amérique du sud de zélés missionnaires. N'était-il pas miraculeux que la Crucifixion, donc le sacrifice de Jésus et par suite la Rédemption du genre humain, fût figurée dans une fleur, jusque chez les païens ? Pareille démonstration valait bien un prêche. Il faut quand même convenir que les fleurs de Passiflora coerulea qui éclosent de juin à l'automne sont d'une mystérieuse beauté. Des baies jaune orangé, grosses comme de petits œufs leur succèdent.

Chez Passiflora edulis, les grenadilles sont des baies pourpres. Sous l'écorce cartonneuse, la pulpe gélatineuse qui entoure les graines est fine, savoureuse, agréablement parfumée. Succulentes, mais un peu acides sont les barbadines du Passiflora quadrangularis, baies ovoïdes, jaunâtres et luisantes, pouvant atteindre jusqu'à vingt-cinq centimètres de long. Originaires du Brésil et du Pérou, les passiflores sont des plantes grimpantes dont la tige peut atteindre dix à vingt mètres de long et s'accroche aux supports par ses vrilles.

Mais, nous connaissons les fruits de la passion surtout sous la forme de sirops et de sorbets, qui n'en contiennent que fort peu ou pas du tout.

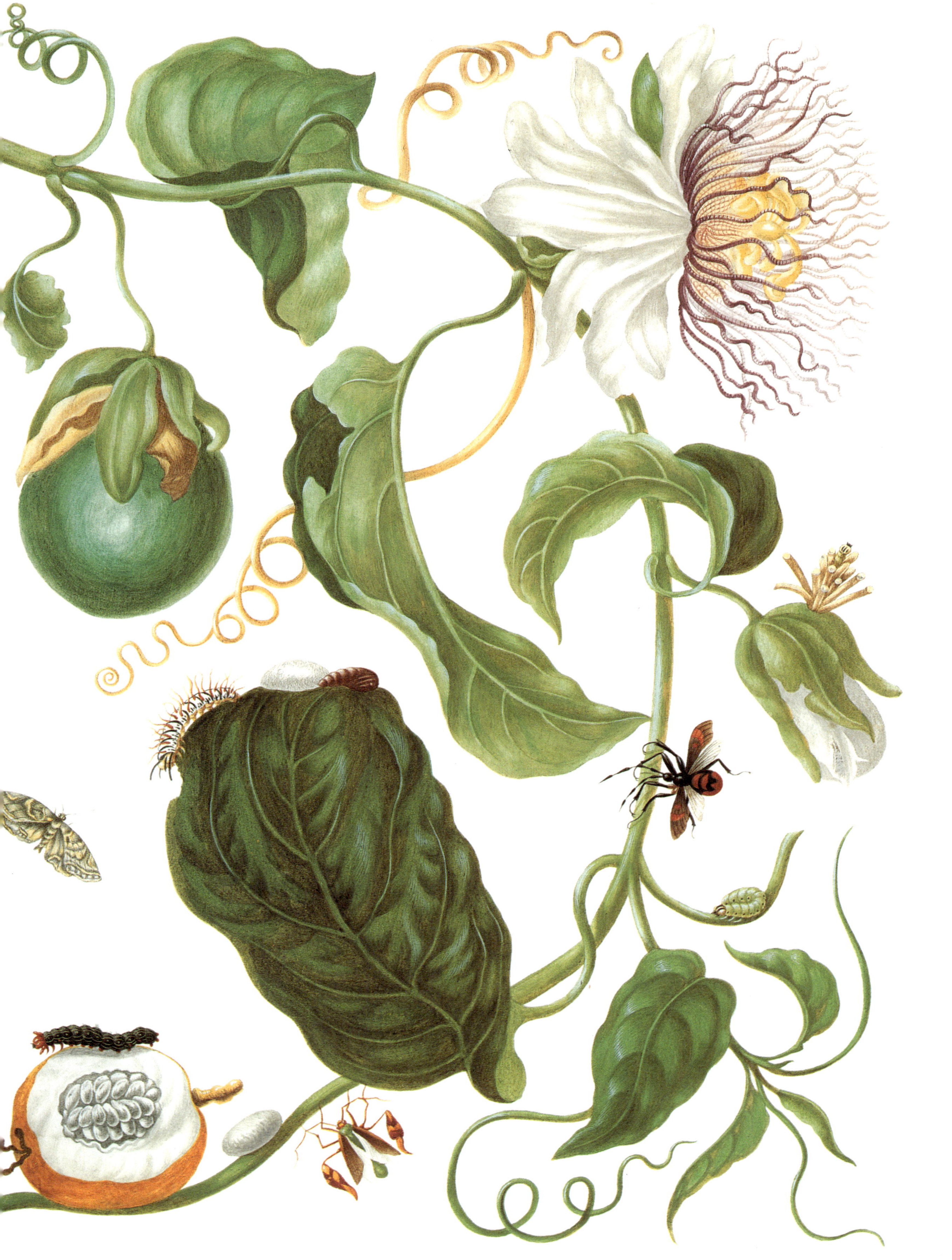

La Papaye

On connaît peu en France la papaye, énorme baie globuleuse, plus ou moins allongée, jaune rougeâtre à maturité, dont le poids s'échelonne de cinq cents grammes à cinq ou six kilogrammes. Sa pulpe, jaune orangée, tendre comme du beurre, juteuse, parfumée et sucrée, entoure une grande cavité contenant d'innombrables graines noires, rondes et ridées. Sous les tropiques, la papaye est consommée comme le melon; on en fait d'excellentes compotes et de savoureuses confitures.

La papayer (Carica papaya), qui ne dépasse pas dix mètres de haut, a une silhouette originale et pittoresque qui ressemble un peu à celle d'un palmier. Le tronc charnu, au bois tendre, est marqué par les cicatrices annulaires laissées par la chute des feuilles. Celles-ci, très grandes, découpées en sept lobes profondément incisés, et portées par de très longs pédoncules clairs sont groupées à la cime, formant un large bouquet évasé, sous lequel se développent, serrés les uns contre les autres, en haut du tronc, les gros fruits d'abord verts.

L'espèce se trouve à l'état spontané au Mexique, mais est depuis très longtemps cultivée aux Antilles - papaya est son nom caraïbe -, au Brésil et en Amérique centrale. Les Espagnols et les Portugais l'ont apportée en Malaisie et aux Philippines; de là, elle s'est propagée dans les îles du Pacifique et en Inde. Aujourd'hui, comme l'avocatier et le manguier, le papayer est cultivé dans tous les pays tropicaux. Le Sri Lanka qui en a été pendant longtemps le principal producteur est maintenant concurrencé par Java, par le Kenya et surtout par la Tanzanie, devenue l'un des principaux pays exportateurs.

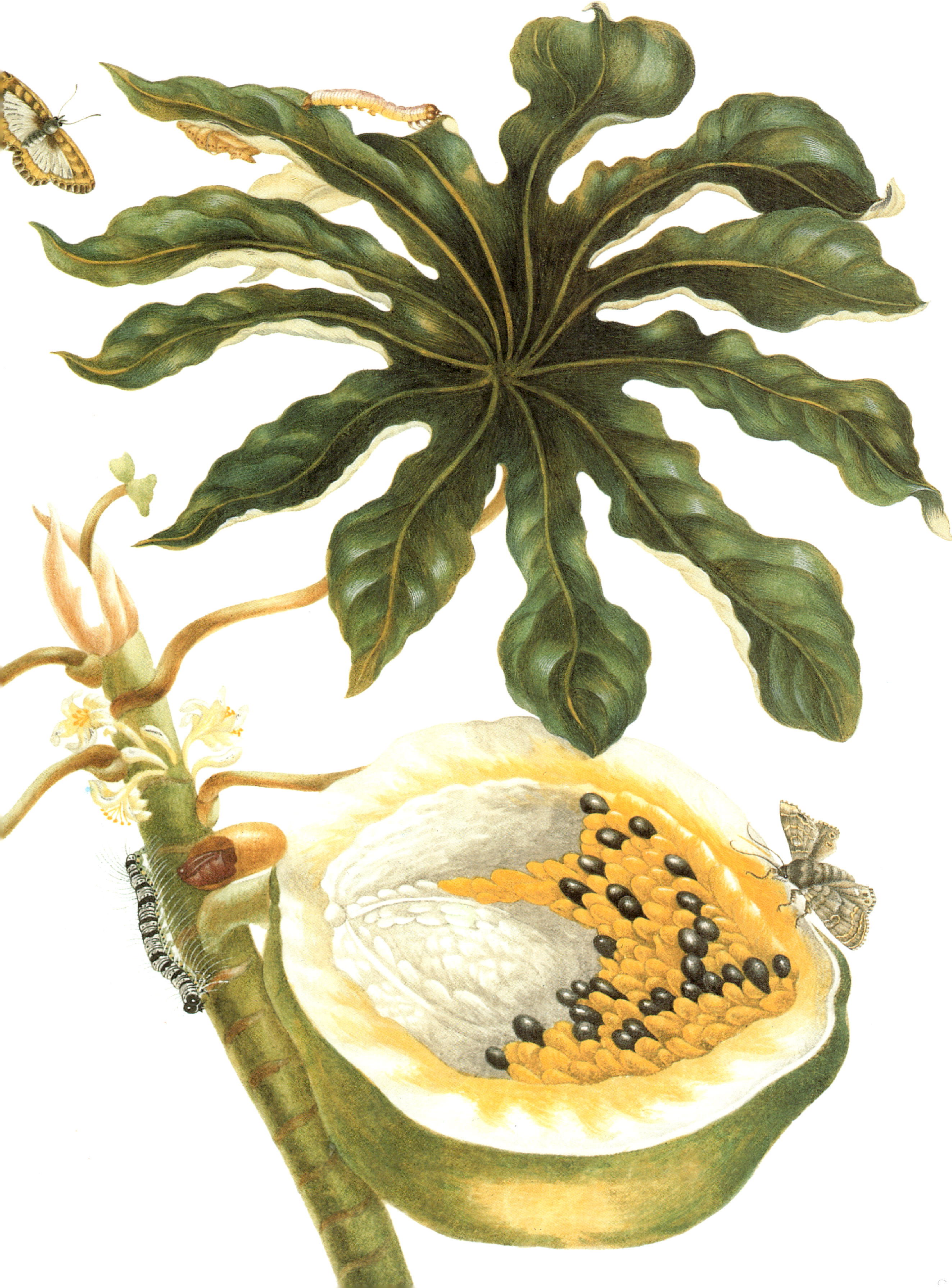

La Goyave

Les goyaves (de l'espagnol guayaba, lui-même emprunté aux parlers indiens locaux) sont des baies plus ou moins globulaires, généralement jaunes, qui ont la taille et l'aspect des coings et conservent le calice à leur sommet. Leur pulpe, charnue, succulente, blanche, jaunâtre ou rosée est remarquable tant par son parfum que par son arôme souvent finement musqué. Le goyavier appartient en effet à la famille des myrtacées, celle de la cannelle, de la noix muscade et du clou de girofle.

Les goyaviers (Pisidium) sont des arbrisseaux ou des arbustes qui ne s'élèvent pas à plus de six ou sept mètres, avec des rameaux quadrangulaires, fins et nombreux. Les feuilles coriaces, d'un vert clair et luisant, sont marquées de nervures très apparentes. Les fleurs, en mai-juin, sont assez grandes, à quatre ou cinq pétales blancs largement ouverts, avec de très nombreuses étamines blanches.

On en cultive surtout deux espèces :

• le goyavier pomme (Pisidium guayava), originaire du Pérou et des Antilles, produit des fruits jaunes, à saveur très musquée. La variété «pirifera», aux fruits en forme de petites poires, à chair rose et sucrée, est la plus appréciée. La variété «pomifera» a des fruits sphériques de la taille d'une pomme d'api, à la chair ferme, un peu fade mais dont on fait d'excellentes gelées.

• le goyavier fraise (Pisidium cattleyanum) est brésilien. Ses fruits sphériques, rouge vineux à maturité, ont une chair rougeâtre dont le parfum rappelle un peu celui de la fraise.

Natifs d'Amérique tropicale, les goyaviers ont été répandus dans tous les pays tropicaux. Ils se naturalisent très facilement au point de devenir envahissants, à la Réunion, par exemple. Les deux espèces sont connues en Europe depuis longtemps, Pisidium cattleyanum est arrivé du Brésil en 1818, mais Pisidium guayava s'y trouvait depuis 1692. On les a cultivés en serre tempérée, mais aussi en pleine terre sur la Côte d'Azur, où ils mûrissent leurs fruits en novembre.

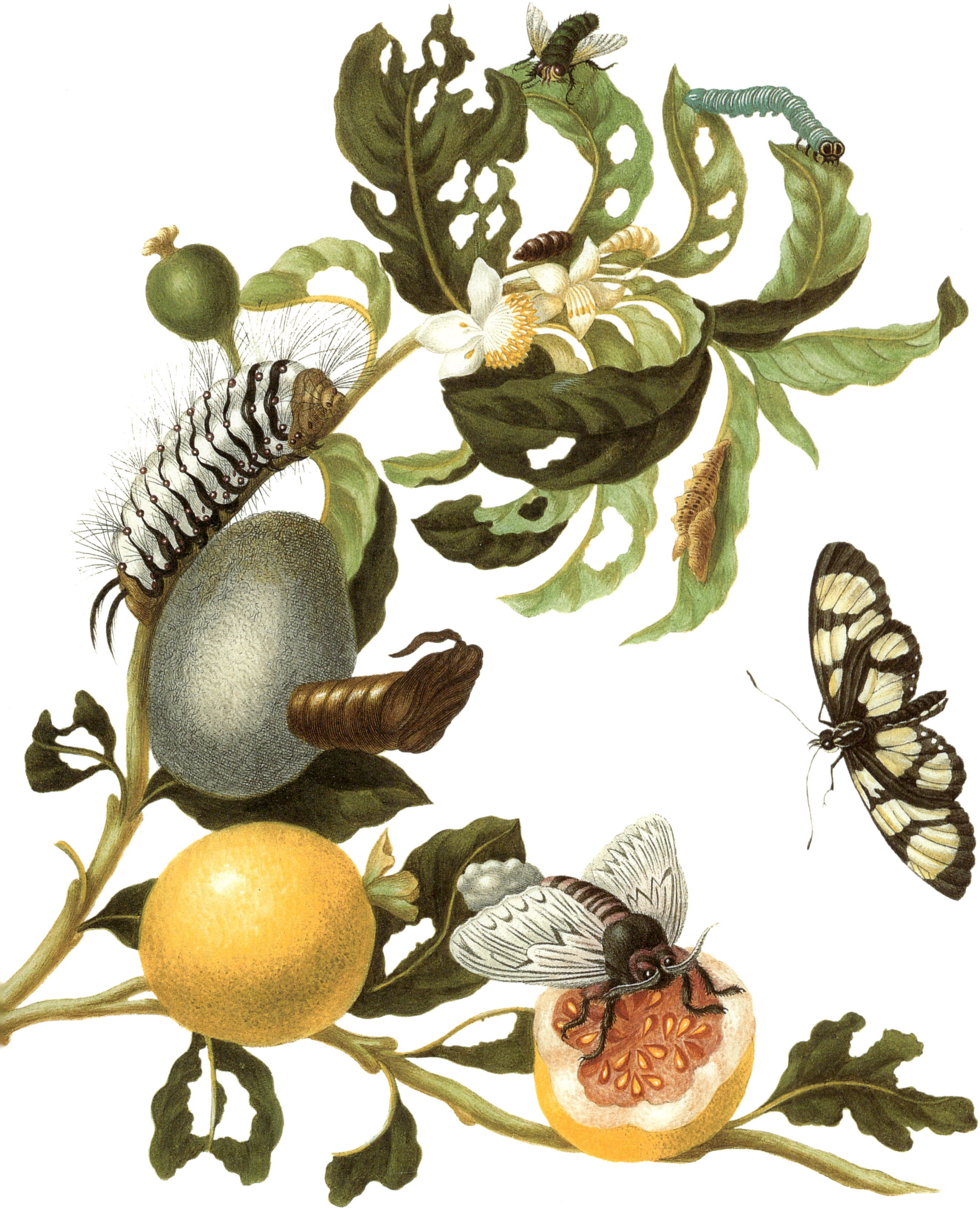

Le Chérimolier

Fruits exotiques et tropicaux

Un jour, au Cusco, sur les hauts plateaux péruviens, j'ai goûté une chirimoya que m'avait tendue, tout ouverte, une paysanne au marché de Pisac. Jamais je n'avais dégusté fruit plus succulent, humé parfum plus subtil, savouré arôme plus délicat. Voyant mon ravissement, la paysanne m'en offrit une autre et refusa que je la paie. Ce fruit paradisiaque, je ne l'ai jamais oublié. Le célèbre Mark Twain non plus qui déclarait les chérimoliers «les délices mêmes», ce que je n'ai appris qu'en préparant ce livre.

Les anones - le chérimolier est Anona cherimolia - sont des arbustes ou de petits arbres de cinq à sept mètres de haut, buissonnants, aux rameaux zigzagants, aux feuilles d'un vert vif, à fleurs jaune verdâtre. Les fruits globuleux sont des syncarpes résultant de la soudure de nombreux fruits dont chacun correspond à un ovaire et porte une graine, ce qui explique leur structure écailleuse. Ainsi, le chérimolier, à la peau d'un rouge brunâtre, a un peu l'aspect d'une très grosse fraise, et la pomme cannelle vert jaunâtre, fruit de l'Anona squamosa, renommé pour sa pulpe très douce et parfumée, ressemble à un artichaut. Quant au cœur-de-bœuf ou cachiman, fruit vert jaunâtre du corrosolier épineux (Anonna muricata), ses écailles sont hérissées de pointes molles.

Originaires de l'Amérique du sud, les anones, dont chacune a son nom vulgaire, et souvent plusieurs, sont cultivées aujourd'hui dans tous les pays tropicaux.

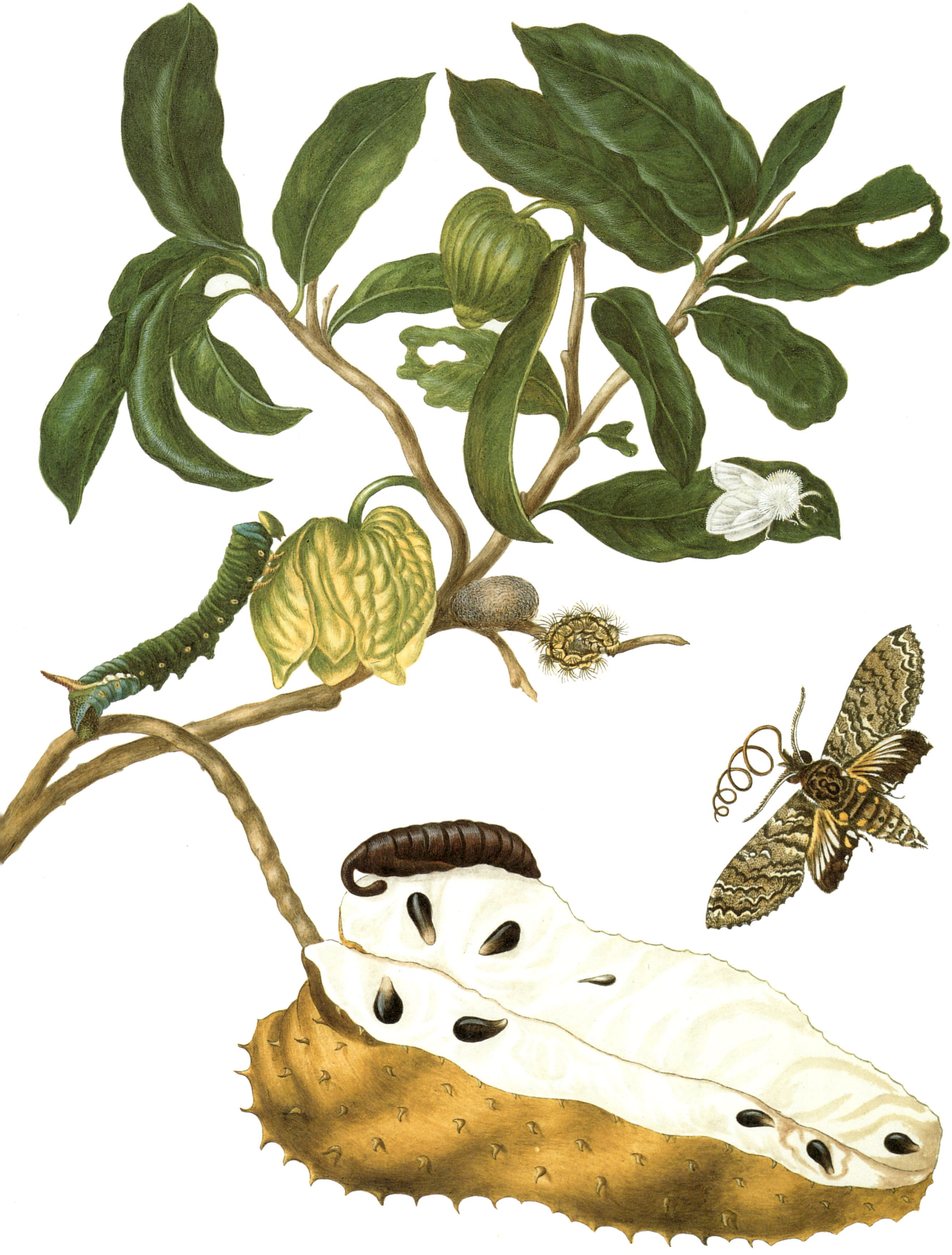

Akène :
nom donné à un fruit monosperme,
ordinairement sec, dont le péricarpe est distinct
du tégument propre de la graine.

Albedo :
traction de la lumière reçue que réfléchit ou
diffuse un corps non lumineux.

Albumen :
nom donné à la substance qui environne l'embryon dans quelques
graines telles que celle du froment.

Anthère :
partie de l'étamine qui renferme, avant la fécondation,
le pollen ou poussière fécondante.

Balauste :
fleur desséchée du grenadier.
Tout fruit charnu plurioculaire, polysperme, qui provient
d'un ovaire infère, il est couronné par les dents
du calice comme celui du grenadier.

Bogue :
enveloppe piquante de la châtaigne.

Bouturage :
mutiplication des végétaux par bouture, c'est-à-dire
au moyen d'une branche qui, coupée à un arbre
et plantée en terre, prend racine.

Bractée :
petite feuille, différenciée, à la base du pédoncule floral.

Caprification :
opération qui consiste à placer des figues de figuier sauvage sur les
branches des figuiers cultivés pour favoriser
la pollinisation de ces derniers.

Carpelle :
chacune des divisions foliacées qui, par leur réunion,
concourent à former le fruit.

Cenelle :
fruit de l'aubépine, fruit du houx.

Cépée :
touffe de bois sortant d'une même souche.

Cultivar :
toute variété végétale agricole, quelle qu'en soit
la nature génétique.

Cupule :
assemblage de petites bractées, soudées entre elles par la base, formant une
espèce de coupe ou godet qui entoure les fleurs et persiste autour du fruit.
Le gland, la noisette, la fève, la châtaigne, se développent dans une cupule.

Cynorrhodon :
nom ancien du rosier sauvage ou églantier.
Maintenant, nom du fruit de cet arbrisseau, qui est rouge vif
et qu'on nomme populairement gratte-cul.

Glossaire

Drupe :
fruit charnu indéhiscent, qui renferme un noyau comme la cerise, la pêche et la noix.

Drupère :
dérivé du drupe.

Enté :
du verbe enter, greffer.

Épicarpe :
épiderme du fruit.

Gamète :
cellule reproductrice, mâle ou femelle, dont le noyau ne contient qu'un seul chromosome de chaque paire, et qui peut s'unir au gamète de sexe opposé (fécondation), mais non se multiplier seule.

Hybride :
plante dont la graine provient d'un végétal qui, au lieu d'être fécondé par sa propre espèce, l'a été par une autre.

Hyménoptère :
ordre de la classe des insectes, comprenant ceux qui ont les ailes membraneuses et nues, telles que les abeilles, les guêpes, les fourmis, etc.

Inflorescence :
mode de groupement des fleurs sur une plante (grappe, épi, ombrelle, capitule, cyme).

Lignifiant :
qui produit le bois.

Lithique :
relatif à une industrie de la pierre

ou : *qui se rapporte à la pierre.*

Longévif :
qui a de la longévité, qui vit longtemps.

Marcottage :
technique de reproduction des végétaux par la branche tenant à l'arbre et couchée en terre pour qu'elle produise des racines. Cette opération se nomme la marcotte.

Mésocarpe :
zone médiane d'un fruit, entre l'épiderme et le noyau ou les graines, charnue et sucrée chez les fruits comestibles.

Ombilic :
synonyme de nombril, partie de la plante qui ressemble à un nombril.

Pédoncule :
queue d'une fleur ou d'un fruit.

Péricarpe :
partie du fruit qui entoure et protège la graine.

Piridion :
les botanistes nomment piridions, pommes, poires, coings, alises, etc.

Plantule :
embryon d'une plante contenue dans la graine.

Pourpre rétinien :
substance photosensible des bâtonnets de la rétine des vertébrés intervenant dans la vision crépusculaire.

Pruine :
poussière glauque cireuse qui couvre certains fruits, particulièrement les prunes, ainsi que le chapeau et les lames de certains agarics (champignons de couche).

Pubescent :
garni de poils fins et courts. Exemple : des bractées pubescentes.

Rhizome :
tige souterraine vivante, souvent horizontale, émettant chaque année des racines et des tiges aériennes.

Stigmate :
partie du pistil destinée à recevoir le principe fécondant et à le transmettre à l'ovaire.

Stipe (nom masculin) :
nom donné à la tige ligneuse des plantes monocotylédones arborescentes, qui se termine par un faisceau de feuilles.

Stipe (nom féminin) :
autre nom, sparte ou alfa (halefa), très tenace (à ne pas confondre).

Strobile :
fruit en cône du houblon.

Syncarpe :
fruit composé provenant de plusieurs ovaires devenus charnus et soudés ensemble.

Tomenteux :
se dit en parlant des organes (tige, feuille, ect.) dont la surface offre un assemblage de poils longs, mous, entre-croisés et crépus, analogues au coton.

Tube pollinique :
partie inférieure et tubuleuse des calices ou de corolles gamopétales.

P. Alpin,
Histoire naturelle de l'Egypte,
1581-1584, trad. fran., Paris, 1980.

P. Alpin,
Plantes d'Egypte,
trad. fran., Paris, 1980.

P. Belon,
Les observations de plusieurs singularités...
trouvées en Grèce, Asie, Judée, Egypte, Arabie et autres
pays estranges,
Paris, 1553.

A. Bixio et collab.,
Maison rustique du XIXe siècle,
Paris, 1849, tome V, Encyclopédie d'Horticulture.

G. et G. Blond,
Festins de tous les temps.
Histoire pittoresque de notre alimentation,
Paris, 1976.

D. Bois,
Les Plantes alimentaires de tous les peuples et à travers
les âges. Histoires, utilisation, culture.
T. II. Phanérogames fruitières,
Paris, 1928.

N. de Bonnefons,
Le jardinier français,
Paris, 1654.

J. Brosse,
Arbres d'Europe occidentale,
Bordas, 2e édit., 1983.

J. Brosse,
Arbustes, arbrisseaux et lianes d'Europes occidentale,
Bordas, 1979-1983.

J. Brosse,
La magie des plantes,
2e édit. complétée, Albin Michel, 1990.

J. Brosse,
Les arbres de France. Histoire et légendes,
2e édit., Christian de Bartillat, 1991.

J. Brosse,
La route des Epices,
· (en collabor.), Bordas, 1987.

J. Brosse,
Mythologie des arbres,
2e édit., Petite bibliothèque Payot, 1993.

H. Caillavet et J. Souty,
Monographie des principales variétés de pêches,
Bordeaux, 1950.

A. Camus,
Les châtaigniers,
Paris, 1929.

A. de Candolle,
Origine des plantes cultivées,
Paris, 1883.

J. Champion,
Le bananier,
Paris, 1963.

L. Chasset,
Variétés nationales de Poires,
Paris, 1938.

Bibliographie

A. Chevalier et J.-F. Leroy,
Les fruits exotiques,
Paris, 1946.

J. Decaisne,
Jardin fruitier du Muséum,
Paris, 1863.

P. Delaunay,
Pierre Belon naturaliste,
Le Mans, 1926.

H.L. Duhamel du Monceau,
Traité des arbres et des arbustes,
nouv. édit. Paris 1804-1819.

C. Estienne,
L'Agriculture et maison rustique,
Paris, 1564.

V.-A. Evreinoff,
Arbrisseaux à fruits,
Paris, 1947.

Florist and Pomologist,
22 vol., Londres, 1863-1884.

J. gabriel-Leroux,
Les premières civilisations de la Méditerranée,
Paris, 1941.

P. Calet,
Cépages et vignobles de France,
T. IV Les raisins de table,
Montpellier, 1964.

N. Got,
L'Abricotier,
3ᵉ édit., Paris, 1948.

A.L. Guyot,
Origine des plantes cultivées,
Paris, 1949.

L. Guyot,
Histoire des plantes cultivées,
Paris, 1963.

F. Hartmann,
L'agriculture dans l'ancienne Egypte,
Paris, 1923.

A. Jordan,
De l'origine des diverses variétés ou espèces d'arbres cultivés,
Paris, 1853.

Ch. Joret,
Les plantes dans l'antiquité et le Moyen Age,
2 vol., Paris, 1897 et 1904.

H. Kessler,
Pomologie illustrée. Pommes et Poires,
Zug (Suisse), 1949.

F.A. Krukoff,
The History of the origin of cultivated plums
and the geographical distribution
of their wild ancestors,
Saint-Pétersbourg, 1929.

J.B. de La Quintinie,
Instructions pour les jardins fruitiers,
Paris, 1690.

H. Leclerc,
Les fruits de France,
réédit., Paris, 1984.

A. Leroy,
Dictionnaire de pomologie,
4 vol., Turriers (Alpes de Haute-Provence), 1987-1988.

Loisel,
Le melon, la pastèque et le concombre.
Les cultures populaires et bourgeoises,
édit. revue par Portat, Paris, 1935.

A. Maurizio,
Histoire de l'alimentation végétale depuis
la préhistoire jusqu'à nos jours,
trad. fran., Paris, 1932.

A. Maury,
Les forêts de la Gaule et de l'ancienne France,
Paris, 1867.

D. Meiller et P. Vannier,
Le grand livre des fruits et légumes.
Histoire, culture et usage,
Paris, 1991.

P. Peyre,
Sur l'olivier,
Paris, 1938.

P. Peyre,
Les néfliers indigènes et exotiques,
Paris, 1945.

P. Peyre,
Les pruniers sauvages et cultivés,
Paris, 1945.

P. Peyre,
Les pêchers,
Paris, 1946.

P. Peyre,
Les cerisiers cultivés, sauvages et d'ornement,
Paris, 1947.

Pline l'Ancien,
Histoire naturelle,
livres XII, XIII, XIV, XV, trad. fran. et comment.
par A. Ernout et J. André, Paris, 1949-1960.

H. Rebour,
Le verger méditerranéen,
2 vol., Alger, 1955.

H. Rebour,
Les agrumes,
Paris, 1956.

O. de Serres,
Le théâtre d'agriculture et Mesnage des champs,
Paris, 1600, 22ᵉ édit., Pris, 1973.

P. Trioreau,
Les fraisiers,
Paris, 1961.

P. Trioreau,
Framboisiers, Groseillers, Cassissiers, Paris,
1964.

J.B. de Vilmorin,
Le jardin des hommes.
Vagabondage à travers l'origine et l'histoire
des plantes cultivées,
Paris, 1991.

Crédits photographiques

Introduction

Dagli-Orti, Paris :   p. 6, 12 et 13.

Giraudon, Paris :   p. 8, 9, 10 et 11.

Scala, Florence :   p. 14, 15, 20 et 21.

AKG, Berlin :   p. 16 et 17.

Buloz, Paris :   p. 7

Planches

Muséum d'Histoire Naturelle, Paris :
P.A. Poiteau, Pomologie française *(1845)*   p. 23, 24, 27, 28, 29, 30, 31, 32, 34, 35, 36, 38, 41, 44, 45, 46, 48, 50, 56, 58, 59, 67, 68, 70, 71, 75, 76, 77, 87, 89 et 99.

W. Fitch, Botanical magazine *(1827-1844)*   p. 85.

J.A. Risso et P.A. Poiteau,
Histoire naturelle des orangers *(1818-1820)*   p. 93, 94 et 95.

F.R de Tussac,
Flore des Antilles *(1808-1827)*   p. 100 et 106.

Coupe du fruit, Henri Hissard   p. 101.

Royal Horticultural Society, Londres :
Sir W.J. Hooker,
Pomona londinensis *(1813-1818)*   p. 22, 25, 26, 51, 52, 53, 60, 63, 66, 72, 73, 74, 80, 81, 82, 103, 109 et 111.

Divers   p. 96, 108, 112 et 113.

Natural History Museum, Londres :
G. Brookshaw, Pomona britanica *(1804-1812)*   p. 37, 39, 42, 43 et 61.

G. Gallesio, Pomona italiana *(1817-1839)*   p. 55, 57, 65, 78 et 97.

Sir W.J. Hooker, Pomona londinensis *(1813-1818)*   p. 33 et 69.

Curtis, Botanical magazine *(1914)*   p. 101 (fleurs).

Duhamel du Monceau,
Traité des arbres fruitiers *(1804-1819)*   p. 47 et 49.

M.E. Descourtilz,
Flore pittoresque et
médicale des Antilles *(1821-1829)*   p. 107.

Royal Library, Windsor Castle :
M.S. Merian, Metamorphis insectorum
surinamensium *(1705)*   p. 83, 91, 105, 115, 117, 119 et 121.

Victoria & Albert Museum, Londres :   p. 86.

Imprimé en France par
Bialec – 54000 Nancy